全民焦慮時代的暖心之作：
以後的人生，別再活得那麼累了。

你值得被理解

小姿 著

目錄

Chapter 3

放棄，不是你輸了，而是你懂了

Chapter 4

有些事不值得原諒，跟有沒有度量沒關係

Chapter 5

即便是株無人問津的小草，也終有屬於自己的生命軌跡

Chapter 6

「自在」是排在「優秀」之前的首要選擇

Chapter 7

你只是為自己而活，又沒剝奪別人生活的權利

Chapter 8
人生哪來的風平浪靜，你也不必時時心寬似海

Chapter 9
你的任性妄為，只因為相信了愛情

Chapter

10

熱情很脆弱，禁不起一次次的忽略

Chapter

11

你想要真實，卻沒人給你真實的力量

序

別人的故事裡，藏著你的心事

01

做情感主播的這幾年，我的電子信箱、社群網站經常收到各式各樣的諮詢訊息，有悲傷的、糾結的，甚至還有絕望的。他們的故事裡大多包含自己的人生軌跡，但很多時候，人們需要的不是解惑，而僅僅是支持和理解。

我們生活的這個世界，總是充滿太多功利性的東西，例如成功、金錢、名利、地位等，它們把每個人都推進高速運轉的齒輪中，不知該如何停下來。

太多人見過城市在黎明之前的模樣，卻不願接受黑暗來臨時，那孤寂的靈魂。我們不接受自己失敗的樣子，不接受遇見挫折時流下的眼淚，不接受被愛情拋棄，也不接受自己是個再平凡不過的人……我們做不到接納、擁抱、理解自己。於是，我們苛求自我、糾纏別人，抑或怨天尤人。

但是，人生就是一次又一次的跌倒，然後再繼續爬起來的過程啊！

我們每一次與現實的碰撞，都會產生或多或少的裂痕，而成長的過程就是要學會接納這些裂痕，而後繼續前行。

02

我從來都不敢承認自己是誰的老師，又或者幫助過誰走出什麼樣的泥濘，因為我知道，最終能夠讓這些人走出黑暗的，只有他們自己。

每個人都有自己的小宇宙，而我只是負責在人們迷失方向時，給予一點指引，讓他們能夠看到一點點微光，繼而點燃生命的熊熊大火。

誰都會有難過、沮喪的時候，也許你會覺得太累而拒絕前行。但隨著時間的推移，思維、經歷、感悟，都會產生一次又一次的重組。你會發現在十八歲時，想也想不明白的事情，到了二十八歲自然迎刃而解。

所以，你正在經歷的那些不開心，像是被詆毀、被誤解、被傷害……如果能咬緊牙關，一步步地熬過去，就會發現很多曾經讓你痛不欲生的往事，都會隨時間漸漸消散。而歷經磨難的你，將會很容易就扛起原本你想都不曾想過的重量。

就像泰戈爾曾說過的：「你今天受的苦、吃的虧、擔的責、扛的罪、忍的痛，到最後都會變成光，照亮你的路。」

同樣的，你所經歷的那些軟弱、不完美、不寬容、不成功，甚至任性、冷漠、謊言……也都會成為你生命長河中熠熠生輝的珍珠。

03

生而平等，你值得被理解！

我見過許多痛哭流涕的人，也聽過很多愛而不得的故事，更看過太多糾結不前的生命旅程。

但我更希望你知道：不管是笑靨如花，還是淚流滿面，這些都是你最真實的情感，沒有人可以指責你，而你也可以擁抱真實的自己。

不管是身在高處，還是身陷低谷，只要你是向陽而生，就不必活在他人的期待裡，因為任何時候，能支撐你的一直都是自己。不管平凡還是不平凡，只要心中有堅定的信念，不將就生活也不辜負自我，你就是自己的英雄。

身為人類的我們會憤怒、自私、任性，這些都是正常人應有的情緒，不必過於苛責自己。要相信，上天賜予你的敏感，是最好的禮物，而能夠真實表達自己內心想法的你，其實很可愛！

每一個生命都是值得「被理解」「被認可」和「被尊重」的，沒有什麼是絕對的「壞」，也沒有什麼是絕對的「好」。那些看似簡單的「被理解」和「被認可」，其實充滿著巨大的能量，它能夠療癒我們內心潛藏的那一份「不完美」，讓我們能更真實地呈現自我，成為更完整的人！

人的一生，是一個與自己不斷和解的過程，我希望你能夠看到內心的光，不斷地打破屏障，與真正的自我牽手。要相信不管你是什麼樣子，都是獨一無二的存在，不可被取代，也無法被忽視！

不管經歷過多少苦難，你始終都是值得被看見、被理解、被愛的！而那些曾經讓你念念不忘的傷痕，最終都將變成生命中的美麗花紋，伴隨著你一步步走向更遠的地方。

能觸動你的，從來都不是別人的故事，而是別人的故事裡，藏著自己的心事。我是小姿，帶著真誠和祈願，期待能在《你值得被理解》這本書裡，與你相逢，從那些簡單而平凡，是你也是我的故事中，一起探索、一起成長，遇見更美好的自己！

Chapter 1

那些努力微笑的人，也曾在黑夜裡痛哭

01 允許悲傷，是對自己最大的溫柔

那個夜晚的風很輕，可是好友筱筱的電話卻使我心情沉重。

電話那頭，她一邊抽噎，一邊向我訴說著內心的苦悶：

「我心裡很清楚，我應該向前看，應該對自己好一點，不要撕心裂肺地想他……要把自己打扮得漂漂亮亮的，等著遇見下一段愛情……這些道理其實我都懂。可是，他是我用心愛了五年的人啊，愛了他那麼久，怎麼能不難過？」

「我想裝成什麼事都沒有發生的樣子，也想把他當作可有可無的存在，想趕快讓自己走出來……但是，我就是這麼沒出息，一到夜晚就會想起他。每每如此，心就像被撕裂了一樣。」

「我同事說：『走不到頭的愛情永遠都不是最好的愛情。』所以我應該感到慶幸嗎？而我媽也說：『不就是一個男生嗎？有傷心的功夫還不如多想想工作。』」

「可是……可是我明明一直在告訴自己要忘記他、要向前看，為什麼一想起他，我還是那麼難過？」

我問她：「你們分手多久了？」

她說：「到今天為止，剛好十三天。」

我的心忍不住揪了一下。才十三天，我們平時得個小感冒，至少都要一週才能痊癒，一個深愛了五年的人，怎麼可能在這麼短的時間內輕易忘記呢？

「你可以允許自己悲傷，因為悲傷本身就是正常的情緒。」

「真的可以嗎？你不會笑我懦弱嗎？」筱筱的語氣聽起來有些遲疑。

我語氣很堅定：「親愛的，適度悲傷也是愛自己的一種方式。」

02

很多人會告訴我們失戀了該怎麼辦：「你應該快點走出來。」「為一個男人（女人）尋死覓活的，根本不值得。」……

所以，我們逐漸學會讓自己變得強大，不允許自己有太多的憤怒，不接受無意義的消沉，更不會輕易妥協，連悲傷似乎都成了懦弱的代名詞。

我們每天告訴自己，要時刻做個充滿笑容、努力向上的人，小心翼翼地回避內心的灰暗，不讓它們包圍自己。

可是卻忘了，我們不是神，只是個有血有肉的凡人，並非刀槍不入。面對生活給予的種種挫折和不幸，會難過，也會彷徨。

悲傷是無法選擇的。當你對那些傷心難過的事感到無能為力時，只能逃避它或者接納它。

強迫自己關掉悲傷的入口，召喚理智來對抗生活，這其實並不能代表你堅強，只能說明你不敢面對。

瑞士心理學家維瑞娜．卡斯特寫的《體驗悲哀》一書中，有一句話讓我印象深刻：「**一個人之所以罹患抑鬱症，往往不是因為過度悲傷，而恰恰是因為拒絕了悲傷**。」

事實上，當你放棄所有意識層面的防禦，允許自己面對真實的情感時，你會發現，悲傷其實比喜悅更能讓人脫胎換骨。

它會讓你明白：無論悲傷也好，脆弱也好，日子還是要繼續，而你也終會從情傷中走出來。

是的，很多時候，我們往往比自己想像的更堅強。

03

生活在這個時代，我們對每個人的要求都很高，也或許是因為對自己要求太高的緣故，在該悲傷的時候不允許自己悲傷，該脆弱的時候不允許自己脆弱，該無能的時候不允許自己無能。我們不但不允許，還會時刻批判自己：

「你怎麼這麼無能，他（她）都不愛你了，你還難過什麼？」

「別人都能很快走出來，爲什麼你不能？」

「你不要再哭了，這樣有什麼用？」

「你再頹廢下去，連自己都要看不起自己了！」

可是每每這時，我們還是無法罵醒自己，等待我們的還是無邊的痛苦。

趨樂避苦是人的本能，面對痛苦和挫敗時，我們總是想要逃跑——這是人本能的防禦機制，所以並不存在對錯好壞。

你可以給自己一個宣洩的理由，允許自己在悲傷無力中掙扎一下，允許自己難過——該哭就哭，想大聲哭就大聲哭，這其實都是很正常的。

這就好比一個不會游泳的人落水後會本能地掙扎，但每一次的掙扎都會很耗費體力，如果他能保持冷靜，調整自己的呼吸，盡量減少體力消耗，就能爭取時間呼救或自救。

同理，我們如果能正面接受自己的悲傷，與和它獨處，就會發現，其實它並沒有那麼可怕。

04

美國知名作家黛比．福特曾說過：「與其做一個好人，不如做一個完整的人。做一個好人，只是活出一半的自己；而做一個完整的人，則是活出全部真實的自己。」

是的，擁有健康的心態，比擁有一百種智慧更有力量！

無論在任何時候，允許自己悲傷、接納自我，永遠是比折磨自己來得更有效、能更快速地適應世界的方法。

所以，悲傷對我們來說只是一種情緒，它和快樂一樣，都有自己的使命，讓我們能夠更清楚地看清自己，更勇敢地生活。

允許悲傷，其實是對自己最大的溫柔。

這個世界上，永遠不會有切切實實的「感同身受」，所以你也沒必要去聽旁人怎麼說。

別人說得再多，也不可能代替你生活。

就好像我最喜歡的一句歌詞：「別人說的話隨便聽一聽，自己做決定！」

這才是生活的正解。

中國網路綜藝節目《奇葩大會》的某一集中，一個職業攝影師分享了這樣一個觀點：悲傷應該是可以被看見的。

每個人都會悲傷，雖然有的人看上去很開心，但很有可能是因為他把悲傷掩藏在心底深不可見的地方。

其實悲傷不是一種應該被隱藏的情緒，它和快樂一樣，只是我們的眾多情緒中，最平常的一種。

我真心希望，那些悲傷的人可以接納心中的苦，因為流淚也是為了明天能更好地微笑。

忘不掉的人不必急著遺忘，可以讓自己多想想那些美好的過往，還有曾經在一起的甜蜜瞬間。

那些曾給過溫暖的人，讓我們擁有了披荊斬棘的勇氣和無所畏懼的力量，讓我們能在這個涼薄的世界裡多情地活著！

所以，如果你難過，不用再假裝堅強。此刻，你可以摘掉面具，允許自己悲傷一會兒——這是我們給自己最好的愛。

別著急，你可以晚點再「懂事」

01

前幾天，我收到一位聽眾的來信，她問我：「難道長大就非得要懂事嗎？」

這位叫小菲的女生剛滿二十歲，就已經被家人催著去相親，並且美其名說是「為她好」。

她的一位表叔替她介紹了一個男孩子，是他上司的兒子，比她大八歲。因為平時表叔經常幫她家裡一些忙，所以出於禮貌，小菲並沒有拒絕這次的相親。

相親過程說起來有些尷尬，他們兩個人在咖啡廳裡坐了半天，說的話總共不超過十句，而且還都是小菲先開的口。

小菲對那個男生並沒有任何想法，但沒想到，對方卻看上了她。

表叔興高采烈地跑到她家，告訴小菲的媽媽：「這下你們家可算走運了，王總就那一個兒子，家裡有房有車，小菲嫁過去肯定不會受罪。」

她媽媽聽了也連聲說好，對這門親事非常滿意。

可是小菲卻不樂意，她對表叔說：「叔叔，謝謝您的好意，但我還不想結婚，而且我也不喜歡那個人！」

她媽媽趕緊說：「什麼喜歡不喜歡！嫁人還不是要嫁個條件好的？你表叔盡心盡力地為你好，怎麼那麼不懂事啊！」

到最後，小菲還是沒有答應這場婚事。

但也因為這件事，讓表叔得罪了上司，徹底和小菲他們家絕交了。直到現在，她媽和親戚們一見面聊起這件事便會直說她不懂事，好像真的是她錯了一樣。

可是，拒絕一個不喜歡的人不是很正常的事嗎？小菲不明白，為什麼最後她反而成了那個不懂事的人了呢？

02

不知道從什麼時候起，我們的耳邊總會聽到這樣的話語：

「我說這麼多，都是爲了你好，你一定要懂事啊！」

「女孩子千萬要懂事一點，這樣才會被別人喜歡！」

「這些東西不是爲你準備的，懂事一點，別要！」

「人家辛辛苦苦地爲你做了這麼多，你怎麼就那麼不懂事呢？」

好像不管別人怎麼對我們，我們都只能言聽計從、百依百順、委曲求全，這才叫懂事！

可是一旦你被貼上了「懂事」的標籤，就意味著要壓抑自己的需求，嚥下許多委屈和無助。

經典韓劇《請回答1988》中有一句臺詞是這樣說的：「懂事的孩子只是不會無理取鬧而已，她只是適應了應該表現成熟的環境，習慣了他人充滿誤解的視線罷了。」所以，懂事其實並不是一個褒義詞，對於正在成長中的你來說，它更像是一種枷鎖。

因為，懂事的女生大多都不太會撒嬌，有難處的時候，總是一個人默默地扛；懂事的女生不會把自己放在最重要的位置，因為她覺得總有比自己更重要的人；懂事的女生不會提出太多要求，只會逆來順受……

我曾在網路上看到過這樣一句話：「你這麼成熟懂事，想必一定沒人疼吧？」

所以，如果所謂的懂事就是要你放棄應有的立場和想法，委曲求全地接受別人的安排，那麼女孩，我情願你晚點再「懂事」。畢竟，真正屬於你的時光不多，何必浪費在不值得的人身上呢？

03

中國電影《狗十三》的女主角——十三歲的李玩——那位在單親家庭裡成長的女孩，讓我明白了大人口中所說的「懂事」是什麼意思。

李玩很喜歡物理，但是她的父親卻不顧女兒的意願，在學校強行讓她加入她並不感興趣的英文組別。李玩不開心地跑開，父親就在後面大喊：「等你長大了，就會知道你爸這是為誰好。」

還有一個橋段，那隻被她喚作「愛因斯坦」的狗被她爺爺弄丟了，他們弄了一隻一模一樣的來糊弄她。其實她想要的並不是一隻狗，而是家人的一句道歉、他們對這件事的重視和安慰。

但最終李玩得到的，僅是爸爸的一頓暴打。

被暴打過後，李玩道了歉，爸爸拉著她說：「爸打你是因為愛你。」

從那以後，李玩學會了「懂事」。

她接受了那隻冒名頂替的狗；她學著強忍噁心感，嚥下從不喝的牛奶；她開始不任性，不為整個家「添痲煩」。

那一刻起，那個真正的李玩已經不存在了。

如果懂事就是要讓我們拔掉身上的刺，壓抑內心真實的想法，成為自己最不喜歡的那種人。那麼，我希望如果避無可避的話，至少你可以晚一點再「懂事」。

不要把自己弄得太委屈，也不要太刻意去滿足誰，沒有人可以真正控制你的思想，除非你自己願意這樣做。

偶爾不「懂事」又怎樣，那只是我不想太委屈自己而已。

04

社群網路上，曾有個女生提過這樣一個問題：男朋友該不該去機場接出差晚歸的女朋友？

底下竟然有人這樣回答：這麼大的人了，不能自己回去嗎？也太不懂事了！

如果懂事意味著要過於顧忌其他人的感受，把自己的需求放低、放小，將自己的個性壓抑到幾乎沒有，那麼，我希望你可以不那麼「懂事」。如此，你才能知道自己想要的到底是什麼，並且盡力去爭取，而不是一味壓抑自己的情感。

只有這樣，你才能更清楚地看懂自己，也能更加從容、自信、灑脫！

我所理解的懂事，就是得理會饒人，懂得換位思考，理解別人的不易，但前提是絕不無限度地委屈自己。

畢竟，人生那麼短，又那麼長，把時間都放在他們所謂的「懂事」上，去討好別人，那該有多無趣呀！

懂事的女生不欠任何人東西，她可以選擇說「不」。而懂事，也只能留給那些懂自己的人。

畢竟終其一生，我們也只想活成我們自己！

親愛的女孩，願你堅強到無須有人寵，卻依然幸運到被人寵愛，也希望終有一個人能夠看穿你的心事，讓你不用再咬著牙逞強，憋著淚倔強。然後摸摸你的頭告訴你：「你不需要那麼『懂事』，我一直都在！」

成長一直都持續進行，所以，別著急，你可以晚點再「懂事」！

01

我們對自己最大的慈悲，就是允許自己流淚

「姐，媽媽不在了……」

阿雅順著公司的大樓轉了一圈又一圈，直到雙腿已經沒有任何力量再邁出去。

自從接到這個電話，阿雅的內心就掀起了驚濤駭浪，她想找個沒人的地方大哭一場，可是最終，她還是強壓著淚水，沒讓它流出來。

她想起小時候那個愛哭的自己：心愛的裙子被弄髒了會哭，被小男孩戲弄了會哭，甚至考試沒考好也會大哭一場……

可是長大後，她就沒怎麼哭過。

畢業後，她一個人來到人生地不熟的北京闖蕩，每天踩著十公分高的高跟鞋，化著精緻的妝容，穿梭在鋼筋水泥築成的城市叢林中，從晨光微曦打拚到月亮西墜。

生活不容許她有一絲懈怠。為了更好的生活，她要不停地出差、見客戶、跑業務、與上級談判、和同事周旋……不但要承受高強度的工作壓力，有時候，還要忍

受別人的冷嘲熱諷。

她一直告訴自己：「要堅強啊，怎麼能哭呢？怎麼可以在人前軟弱？」

所以，成年後，她把內心的悲慟自動調成了「靜音模式」。

母親的驟然離世給了她沉重的打擊，她想哭，可是卻找不到宣洩的出口，只能任自己一圈又一圈地茫然走動。

那天夜裡，阿雅縮在房間的角落裡，痛苦又無助。可是，她知道自己不能倒下——母親不在了，家裡有更多的事情等著她去解決。

她只能把一杯杯紅酒灌進喉嚨裡，好似只有這樣才能麻痹痛苦的神經。

02

有人說：「以前的你，哭著哭著就笑了；而現在的你，笑著笑著就想哭了。」

人到了一定的年紀，能痛快流淚的時刻就越來越少。因為我們明白，長大後，就很難再遇見那個替你擦眼淚的人了。

成年人的世界裡，最讓人想哭的三個字就是——不要哭。

電視劇《流星花園》裡有這樣一句話：「如果心情不好，控制不住想哭的念頭時，就來個倒立，讓眼淚流回去。」

這句話看似輕鬆，實則心酸。因為它折射出成年人在陷入困境時的常態：不能哭，要撐著。

但在這個充滿未知的世界裡，一個不經意之間，負面情緒就已經悄悄地潛伏下來，而只需要一個契機，它就會被啟動。

現實教會了我們要隱忍，可是卻唯獨忘了告訴我們，覺得撐不住的時候，眼淚可以幫助自己暫時放下內心的疲憊。

我們只是血肉之軀，不是機器，再怎麼成熟也不代表不會有情緒的波動。

所以如果你感到悲傷、感到煩躁、感到壓抑的時候，可以透過大哭，把痛苦發洩出來。**其實，哭一點都不丟臉——世上沒有哪一件事情是容易的**。

成年人的世界，哪有那麼多顆堅強的心？不過就是一次次從雙眼裡流出來的脆弱眼淚，沒有讓人看見而已。

很多時候，我們都被要求控制自己的情緒，開心時可以暢懷大笑，悲傷時卻不被允許哭泣。可是仔細想想，為什麼一定要控制情緒呢？我們只需做到適時、合理地宣洩，不因自己的情緒妨礙到他人就可以了。

合理的宣洩也包括哭泣。是的，成年人的世界裡不只有堅強，還有崩潰，這才是一個成年人應有的狀態。

03

中國歌手朴樹復出歌壇後，在某場表演裡，安靜地唱了一首《送別》。當時現場的燈光打在他的臉上，觀眾們才發現，當年那個意氣風發的少年，額頭上竟然有了皺紋。

當他唱到那句「情千縷，酒一杯，聲聲離笛催」時，情緒突然失控。

他轉過身去，想舒緩一下自己的情緒，卻發現早已徒然，所以只能雙手緊緊抓住麥克風嗚咽顫抖，像個無助的孩子一樣，讓人莫名地心疼。

當年，他在《生如夏花》裡曾親手寫下那句美到極致的歌詞：

我在這裡呀，就在這裡呀，驚鴻一樣短暫，像夏花一樣絢爛。

而那一天，他是在《送別》這首歌裡送別往事。

所有看到這一幕的人，都在剎那間懂了。

「出走半生，歸來依然是少年」，我們都知道，他並沒有妥協，而是擁有了更多的勇氣。

很多時候，當你紅了眼眶，別人卻並不知道你為什麼流淚，是因為沒有人曾經歷你的人生。世界這麼大，我們都只是滄海一粟，會為幸福而微笑，當然也會為痛苦而哭。

借用莎士比亞的一段詩句：「黑夜無論怎樣悠長，白晝總會到來」。

我們流淚，並不代表就是脆弱。相反的，那是因為我們懂——懂得歲月漫長，懂得人生還有更長的路要前行。

每個人都是伴隨著哭聲來到這個世界的，所以，成年人也好，小孩子也罷，流淚，其實只是我們表達真實情感的方式而已。

哭完之後，我們會擦乾眼淚對自己說：「撐過去，明天又是新的一天！」

04

生而為人，誰的生活都不容易。

很多人都只關注你飛得高不高，而很少會有人想知道你飛得累不累。

很多時候，我們不想把自己心底的脆弱表現出來，不輕易流淚，或多或少是受到了完美主義的影響。但世界上本來就沒有十全十美的事物，每個人都會有或多或少的瑕疵，太過苛求完美反而顯得不真實。你可以試著做一隻刺蝟——既有堅硬的外刺，也有柔軟的肚皮。硬刺對外，肚皮對內。無論外面的世界多麼殘酷，硬挺著一整天的硬刺，在黑夜降臨之後，請允許自己稍稍歇息，肚皮向上，軟軟的，給自己一個溫暖的擁抱。

如果實在熬不下去了，那就哭出來吧。從今天起，做一個簡單的人，不要再假裝堅強，也不要再裝作無所謂。

想笑就捧腹大笑，想哭就嚎啕大哭，做最真的自己就好。

就像有句話說的：「親愛的，外面沒有別人，只有你自己。」

我們應該努力做到誠實地面對自己的內心，不再被那些所謂的「標籤」定義，因為這樣會讓我們迷失了最真實的自己。

面對世事紛擾，我們對自己最大的慈悲，就是在難過的時候允許自己大哭一場！縱使生活有千百般滋味，依然要笑著面對。

不能將你打倒的，都將使你強大

01

喬米畢業的那年，男朋友和她說：「我要出國了，也許再也不會回來了。所以你也不用等我了，相信你一定會遇到更好的人！」

她沒有哭，只是揚起臉，輕輕地點了點頭。

四年的戀情，終於還是分別。不是她不想挽留，而是她知道，他既然選擇離開，再多的挽回都於事無補。

那天，她扛著一個行李箱，兩床棉被，還有一大袋生活用品，先搭乘公車到火車站，然後再轉搭捷運，歷經了一番波折之後，終於抵達她一直想去的大城市。

一路上，風塵僕僕的她感受到許多善意、探究、詫異的目光。

一名嬌小的女孩拖著這麼多行李，配上那張略顯頹廢的臉，她知道，這樣的自己看起來狼狽不堪。

但是，她不想就那樣放棄。

新生活開始一個月後的晚上，媽媽打電話告訴她，爸爸外遇，所以他們離婚了。白天，她在公司裡被老闆罵得狗血淋頭；夜晚，她擠在狹小的租屋處裡，咀嚼著心底的苦澀和細數天邊的群星。

「我的人生難道就這樣了嗎？」她不斷地反問自己。

城市裡的人潮洶湧讓她確定不了明天的走向，但卻依然想要好好扎根。骨子裡的倔強讓她無所畏懼、內心澄明。

有人告訴她：「何必那麼辛苦，反正結果都差不了多少。」

可是她不信。因為知道自己流過的汗、吃過的苦，都會讓她更靠近夢想的方向。

02

有人說，成年人的世界裡，沒有「容易」二字。

我們一路學著堅強與忍耐，學著向不如意抗爭。雖然有時候曾想要放棄和鬆懈，但其實我們心底都明白，如果不撐住，日子只會過得更加艱難。所以長大後，慢慢學會不動聲色地安慰自己，也學會悄無聲息地和生活握手言和。

有時候，我們選擇一個人堅強地面對困難，並不是因為無堅不摧，只不過是身後真的無路可退。

每個人都有難過、沮喪的時候，不管別人怎麼安慰，最終還是得靠自己跳脫出來。我們要試著尋找合適的減壓方式，只有這樣，才能找到生活的平衡點，而不至於失控。

很多強大的人，也曾歷經過一段沒人支持與關心的日子。但只要撐過去，它就是你的成人禮；撐不過去，它就會是你的無底洞。

我們都害怕面對艱難險阻，直到生活給我們一道道必須跨過的檻，才學會如何在挫折和痛苦之中，讓自己變得更加堅強。

那些不能將我們打倒的，必會使我們強大。

03

很多女性都想成為中國電視劇《歡樂頌》中的女主角安迪，她從容淡定、經濟獨立、智商超群，外表高貴而優雅，冷豔又多金。在人們眼中，她簡直就是女神一般的存在。

可是，在她完美的外在下，卻藏著一個異常悲慘的童年：出生於一個不幸的原生家庭，有著被陰影吞噬的童年，還有一位罹患精神病的媽媽與行動不便的弟弟……種種不幸，差一點就毀了她。

她說：「我一直是一個人，不懂什麼是父愛、母愛，只知道『被拋棄』的滋味。因此，我懷疑自己的心裡其實也有毛病。為了不要連累任何人，所以我學會獨立。」她最終憑藉著智慧和毅力，從一無所有的孤兒，搖身一變，成為真正的「白富美」。

沒有任何人可以依靠，也從不指望用婚姻改變命運，她用一股近乎狂野的力量，讓自己活得熠熠生輝。

我們都想成為像安迪一樣，才貌兼具的女子，但殊不知，她是從千瘡百孔的荒蕪中，一步步成為人人稱羨的模樣。她用經濟和精神的獨立，戰勝了原生家庭的不幸，最終把自己活成一幅美麗的風景。

這樣的經歷，不是一天兩天就能造就的，這需要遭遇困境時的絕不放棄、面對平凡時的努力堅持。唯獨如此，一名女子才能活出獨立、傲然的姿態。

社群網站上曾有人提出一個問題：「什麼叫做內心強大？」

留言區裡有一個獲得最多人認同的回覆：「**能夠和壞的東西和平相處，卻不同流合汙。堅持為美好的東西而努力，卻不為失敗或得不到而焦慮。**」

那些能夠在困境中戰勝自己的人，都將成為生活裡的英雄。

04

德國電影《沙漠之花》裡有句臺詞是這樣的：「我們受了這些苦，一定是為了什麼值得的東西。」

十八歲時，你說每次模擬考的成績都不理想，可是還是咬著牙堅持下去，之後回頭看才發現，原來將能力發揮到最好的一場考試便是大學學科能力測驗。

二十幾歲時，你以為最愛的那個人離開了之後，此生就再也遇不到如此契合的人了，所以只能把眼淚逼回心裡、做更好的自己。最後卻發現，原來最好的愛情真的會不期而遇。

三十歲時，你因為工作壓力想要再換份工作，但是想了想，還是咬緊牙關挺了過去。然後才發現，原來每一份堅持都能得到上司的賞識。

四十歲以後，儘管人生已過半，可是你仍想再為所堅持的拚一回，畢竟那些最苦、最難的日子，你都默默地熬過來了。

每個人的生命中，都有很多不能承受之重，也許是經歷多次失敗的挫折，或是遭遇身邊最親近之人的背叛，又或者是遭逢親人離世的打擊……

但是我們要明白，這些黑暗時刻的來臨，都是為了迎接往後更多光明的到來，而不是為了徹底將你打敗。

那些讓人真正成長的時刻，都是源自於那段苦不堪言但你卻沒有選擇放棄的歲月。

不管生活如何對待我們，都要記得，你就是自己生命的主角，你有能力讓周遭的世界變得五彩繽紛。

因為每一個溫暖、向上的靈魂，都是自由且具有力量的！

Chapter

2

我們都不完美，永遠都討好不了所有人

01 我們不怪生活，生活也不要苛責我們

米娜三十歲生日那天，沒有告訴其他人當天是她的生日，只買了一個蛋糕送給自己，並關在租屋處裡，悄悄地對自己說了聲：「親愛的，生日快樂！」

兩年前，每到她生日當天，男朋友阿濤都會幫她慶祝，如今人事已非，他們已經很久沒有聯繫彼此了。

自從媽媽得了重病，當她的存款一天天地減少，阿濤也漸漸沒那麼熱情了。米娜其實知道原因，因為他們曾經規畫要一起買一間新婚房，連地點都已經選好了。可是，媽媽這一病，她就只能把買房的計畫往後推遲。

阿濤比她大五歲，家人也催促他結婚，本來還覺得他們一定能克服萬難、步入禮堂，沒想到後來她弟弟又發生交通意外，不小心撞傷人，還得賠給對方不少錢。從那時起，阿濤便慢慢淡出了米娜的生活。

米娜並不想責怪他，畢竟，誰不想活得輕鬆一點呢？

就這樣，在阿濤離開的兩年裡，她白天努力上班，想要賺更多的錢，好支撐家裡的一切開銷。

可是老天爺似乎並不想那麼輕易地放過她，公司的年輕女同事們都在背後稱她為「工作狂」「僵屍臉」「變臉王」，還時不時針對她、排擠她，讓她過得一點也不輕鬆。

但是米娜從來沒有埋怨過誰，只是想好好走自己的路，如此簡單的要求，卻似乎難以實現。

她必須經常回去探望母親，還得叮囑弟弟萬事小心，然而自己有時候連口熱呼呼的飯都沒時間吃。

米娜的生活一團糟，完全沒有一絲喘息的空間，所以只能逼自己不斷向前……

02

我們的生活總是充滿許多不可預知的苦難，例如親人生病、同事刁難、愛人反目……很多時候，我們都需要獨自一人去面對，即使再累也只能一個人扛著，默默前行。

世界就像是一個巨大的漩渦，每發生一次不幸的事，我們就會被捲進漩渦裡一點，直到再次睜開眼睛時，才發現周圍一片漆黑，無法自行從深處掙脫。

小時候的我們總以為生活就像舞臺劇，當布景上出現「十年後」這三個大字之後，等到布幕再次打開時，就會迎來圓滿的大結局。

然而，長大後，那些一個人痛哭失聲的日子，讓我們明白了一個道理：該面對的始終都無法逃脫。

時間告訴我們，生活對每個人都不曾溫柔過，你無從選擇，更無法逃避，只能默默接受。

但是，我們不能怪生活，也不要苛責自己。

不需要用自己的不完美去對抗世界、用有限的生命對抗無盡的煩惱，因為那根本沒有必要。

人生不過是一場帶著行李的旅行，我們只能不斷向前走。在行走的過程中，要想使旅途輕鬆愉快，就要懂得拋棄一些沉重的包袱。

所以，適當地放棄，適時地轉彎，不苛責、不強求，反而會讓我們更容易得到想要的結果。

03

人生不如意，十之八九，我們不必事事苛責自己。

這個世界無完人，你要分清楚什麼是自己能夠支配的，而什麼不是。對於無法支配的，要順其自然，反之則必須全力以赴。

中國相聲演員岳雲鵬曾講過一段親身經歷：他因為家境貧寒，求學時期付不出學費，所以十四歲時便輟學到北京打工。他刷過廁所，做過電焊工，當過保全，也做過餐廳服務生。其中，當服務生的經歷，徹底改變了他的一生。

那時他才十五歲，因為算錯兩瓶啤酒的價錢，被一位客人當眾辱罵了三個小時。最終，他替客人付了飯錢，然後被老闆開除。

岳雲鵬回憶多年前的這段經歷時，仍然淚流滿面地說：「到現在我還是很恨他。我知道應該感謝他，因為沒有他，我不會轉換跑道。但一想起他當時那樣罵我、教訓我，我至今仍舊無法釋懷。」

他記恨、未曾放下，可是即便如此，他也沒有因而苛責自己。岳雲鵬沒有選擇報復，而是選擇更適合自己的方向，走上更大的舞臺，讓生命更加閃亮。

有時候，有些人在你的心上捅了一刀，拔出來時，還會順便多刺幾下，這種痛，實在讓人刻骨銘心、難以釋懷。但每個人都註定經歷些委屈，想要比別人更出眾，就得嚥下比常人更多的苦。

面對痛苦和委屈，除了釋懷，還可以對自己溫柔一點。當一個人常心懷希望，才更容易看到曙光。

04

人生哪來那麼多的幸運，只不過是別人沒有看見我們所承受的痛苦而已。不管生活怎麼對待我們，幸運和不幸運都應該由自己來決定。即使歷盡艱辛，仍然可以透過努力來改變命運。

我們都不是完美的人，所以應該接受不完美的自己——在孤獨的時候給自己安慰、在寂寞的時候給自己溫暖、在痛苦的時候給自己擁抱。

這一路走來，最不容易的就是你自己，病了得撐著、累了得扛著、苦了得藏著、煩了得憋著、痛了得忍著、哭了得躲著、輸了得挺著……

生容易，活容易，生活真的不容易；你不易，我不易，其實誰都不容易。

但我還是很喜歡香港作家亦舒的那句話：「一念心淨，處處蓮花開。花開花落，順其自然。得失從緣，隨遇而安。」

在漫長的歲月裡，我們每個人都會遭遇各式各樣的不如意，但是，請不要苛責自己，因為「不困於事，方能無困於心」。

或許在人生的上半場，你的生活一直是「加法」，但在下半場，請學習用「減法」，讓自己更自在。

願你在無常的歲月中，不忘初心，悠然前行。

01 做清醒的人，不活在他人的期待裡

那天有位粉絲留言給我，她說：「小姿姐，是不是長大就意味著要和自己喜歡的東西說再見，並成為別人喜歡的樣子？」

她告訴我，她從小就一直是個敢吵敢鬧的孩子，從來不會委屈自己，直到某一年，母親和父親分開，媽媽拉著她的手哭著說：「小靜，媽只剩下你了，你要爭氣，我們不能被別人嘲笑！」

從那天起，媽媽替她報名了很多補習班，要她學習她不喜歡的鋼琴，每天穿十分「淑女」的裙子，還要學習各種禮儀和說話方式……只為讓她變成媽媽期待的樣子。說實話，她非常難受，因為她一點也不喜歡被人安排。每次想拒絕媽媽時，都很害怕會傷了她的心，最後只能違心接受。

考大學的時候，她想就讀中文系，在書的世界裡徜徉，當個有內涵的文青。可是填志願時，媽媽竟然要她選擇醫護相關科系，並已經提前和認識的教授打好招呼

了。這期間，媽媽都沒有和她商量過。

那是她第一次想要離開家去尋找她喜歡的世界。

她想在排球場上和同學們一起肆意揮灑汗水、想在操場上快樂地奔跑、想做個自由的詩人……

可是，這一切都離她那麼遠，自從接受媽媽的安排後，她變得越來越不像自己，她開始成為別人羨慕的對象，卻唯獨不是自己喜歡的樣子。

她問我：「活著的意義是什麼？如果此生只能這樣活下去，那又有什麼意思？」

02

每個人在自己還不夠強大的時候，都會有一段試圖迎合他人的時光——獲得認同與讚許，讓自己活得有價值。但當我們慢慢成長後就會發現，迎合他人的期待不過是為了讓人相信自己過得很好。

你也可以選擇鼓起勇氣，果斷地拒絕不屬於自己的東西，雖然這可能很難，但只要過了那一段時光，你就會覺得很輕鬆。因為一旦劃出了界線，周遭的人就能學會尊重你，按照你的意願來和你相處，而不再僅僅希望你活成他們期待中的樣子。

一個真正獨立的人，首先要學會的就是勇敢做自己。只有學會與自己相處，拒絕不想要的，才能成為獨一無二的個體。

選擇做自己，即便會不合群、招致懷疑的目光，也請不要介意。你要成為獨特的「自己」，而不是偽裝成一個完美的「他人」。要做你想做的事，勇敢地向世界索取想要的東西，而不是懦弱地迎合別人的期待。

賈伯斯說：「你的時間有限，所以不要為別人而活、不要被教條所限、不要活在別人的觀念裡、不要讓他人的意見，左右內心的聲音。最重要的是，勇敢追隨自己的心靈和直覺。唯有這樣，才能知道你最真實的想法，其他一切都是次要的。」

多傾聽內心的聲音，多關注內心的感受，做一個真正對自己人生負責的人——有稜角、有脾氣、有情緒、有自己的個性——那才是真正的你。

03

中國女演員楊紫曾在《星空演講》裡坦誠地回顧了自己一路成長的經歷。

她說，有段時間她一直思考活著的意義，那時候的她很沒自信，因為她認為在別人眼裡，自己就應該是由她主演的中國電視劇《家有兒女》裡，夏雪這個角色一樣，不用大人操心，也不曾叛逆。

她努力向別人心目中的小雪靠近，在大家期盼的框架下長大，最後卻發現，自己非但沒有成長，步履反而更加沉重。後來她開始勇敢做自己，想笑就笑，想要任性就耍任性，最後終於找回自信。當然，她也憑著《歡樂頌》裡邱瑩瑩這個角色，讓我們看到長大後，脫胎換骨的楊紫。

我們都是獨一無二的個體，不要覺得自己很卑微、很平凡。相反地，我們都很偉大，因為世界上再也沒有第二個你！生命只有一次，別人期待中的你無論多懂事、多完美，只要不是能令你內心歡喜的樣子，都跟你無關——所有真實的生活都只與自己有關。

不要在別人的指揮下駕駛你的「生命之車」，能決定你何時啟動、倒車、轉彎、加速的，都應該只有自己。

04

有時候，我們總是為了別人的期待而活著，沒想到最後卻辜負了自己。

但是你的人生，只有自己最清楚。不要思慮和比較太多，只要遵從內心的聲音活著，就能收穫最簡單的幸福。

我們一生最大的驕傲，應該是活成理想中的自己，而不是別人期待中的那個人。

在小說《無聲告白》裡，有一句著名的話：**「我們終其一生，就是要擺脫他人的期待，找到眞正的自己。」**

我希望不管什麼時候，你都能堅定地對自己說：「我沒有過多的期待可以給你，只有更多的寬容和理解，你要笑著去尋找真正的自己！」

不要帶著別人的期待入夢，更不要帶著對自己的不滿醒來。願你能夠傾盡所有，改變生活，而不是被生活改變成自己不喜歡的樣子。

01 日子久了，你會發現一切都是最好的安排

阿莎接到母親打來的電話時，她正在生活了快十年的家裡收拾東西。

三天前，平時看起來溫順和善的老公向她提出離婚，甚至沒有給一個像樣的理由。而她，為了爭取女兒的撫養權，自動放棄了財產，只是不希望和孩子分開。

母親說，父親患了重病，需要去外地的醫院，想請她陪同。

阿莎蜷縮在房子的角落，任悲傷在心底蔓延。回想自己這三十幾年的人生路，似乎沒有平坦的時候。

十歲那年，因為一場車禍，導致她右耳失聰，臉留下一條永久的疤痕。

十八歲時談了一場戀愛，本以為對方是真心愛自己，到最後才知道，自己只是他的一塊跳板。

二十六歲，由於失聰和臉上的疤，她只能嫁給毫無感覺的相親對象。

三十歲，在升職加薪之際，卻因為遭同事算計而被開除，只能再從底層一步步往

上爬。

而如今，丈夫要離婚，她沒有拿到任何財產，獨自帶著孩子，父親在這時候又重病……種種遭遇像一座又一座的大山壓在身上。阿莎把頭埋進雙膝，對未來沒有任何信心，她不知道前面的路還有什麼磨難，也不知道該怎麼面對，只覺得人生無限悲涼。

「我是不是本來就是個多餘的存在？不然上天為什麼要這樣懲罰我？」這個念頭不斷在腦海裡盤旋，揮之不去。

02

生活中有很多時刻似乎都充滿了無奈。

有時候，你拚盡全力，未必會迎來理想中的美好生活。

曾經刻骨銘心的戀情，或許會草草結局，也或許會如飛蛾撲火般灰飛煙滅；曾經讓我們驕傲、自豪的過往，也許在下一刻便不復存在。

於是，你失望、沮喪、困惑、掙扎，甚至感到絕望，對生活產生深深的抗拒與質疑。最終，你可能會筋疲力盡，在困境中踟躕不前。

可是，真的就走不下去了嗎？

當你凝視窗外時，卻意外發現：昨天還在蹣跚學步的孩子，今天正嘗試著小跑；那棵蒼老到似乎已沒有任何生命力的老樹，也漸漸抽綠了枝條；剛剛還蹲在地上大哭的年輕人，此刻在朋友的撫慰下破涕為笑……任何事情都可能會有轉機，不是在下一刻，就是在某個時機。

人生就是這樣，也許上一秒還在為失去而悲痛，然而在下一個轉彎時，就有新的收穫到來。你今天受的苦、吃的虧、擔的責、扛的罪、忍的痛，到最後都會變成光，照亮你的路。

有一首詩我很喜歡：

山有峰頂，海有彼岸。
漫漫長途，終有回轉。
餘味苦澀，終有回甘。

度過生命中無比黑暗的時刻，轉機總會在不經意間悄然到來。**你若心思通透，一切皆是最好的安排！**

03

二〇〇五年，演員胡歌憑藉《仙劍奇俠傳》中的李逍遙一角橫空出世，成為無數粉絲的新一代「國民男神」。但只過了一年，就遭遇了嚴重的車禍，全身一共縫了一百二十針，慘烈程度令人無法想像。他那張英俊的臉遭受如毀容一般的災難，好朋友也在那場車禍中不幸罹難。

那段日子到底多麼難熬，胡歌從來都沒有渲染過。他在鬼門關前走了一遭，撿回一條命，卻也留下滿身滿心的疤痕。他在自傳裡寫道：「**車禍傷了我的容貌，同時也衝擊了我的內心。每次當我戰戰兢兢地拿起鏡子時，都渴望能在裡面找到勇氣和力量。鏡子的語言簡潔而充滿智慧，除了我自己，沒有人能夠讓我真正地重新站立。**」

身體恢復期間，不再有演出，他就安靜讀書、寫字，宛如一個樂觀的拾荒者，將支離破碎的幸福一片片拾起。那些字字見心的獨白，讓我們看到他的蛻變：既然容顏無法修復，那就用思想去填滿它！

二〇一五年，《琅琊榜》中的梅長蘇一角讓胡歌再次爆紅。戲中，梅長蘇說：「既然我活了下來，就不能白白活著！」這彷彿就是胡歌的真實寫照，他用自己的行動告訴我們：不要逃避苦難，而是要坦然地接受過去，接受命運留下的傷痕。

而在那些歲月饋贈的傷痕裡，他用睿智的眼神和沉穩的演技，讓自己重新變得光芒萬丈！

命運總是在不經意間跟我們開玩笑，甚至會在很多看起來非常重要的時刻，為我們設置重重障礙。因為人生之旅本就該風雨兼程，成功與失敗並存，苦難與希冀同在。生活中的艱辛會讓人遍體鱗傷，但它又何嘗不是一種磨煉？當你在逆境中醒悟之時，才能將生命淬鍊得更加透徹！

04

加措仁波切《一切都是最好的安排》這本書裡頭這樣寫道：「上天不會無緣無故做出莫名其妙的決定，它讓你放棄和等待，是爲了給你最好的。所有的欺騙、侮辱和傷害，只是這個世界溫柔補償的序曲。」

後來，我聽說阿莎的父親在她的悉心照料下痊癒了，而她也在醫院陪伴的那幾個月裡，結識了一位出色的醫生，再次覓得人生良伴。

至於阿莎的女兒則考上了知名高中，因為家庭因素，她比別的孩子更努力、更堅強，深受老師和同學的喜愛。如今，阿莎談起往事時，會面帶微笑地說：「也許，這一切就是最好的安排！」

每個人生都有喜有憂，有得有失，不管你如何盡力，都很難完美。但我們還是要相信：**所有的支離破碎，都是為了來之不易的圓滿。而你歷經的那些苦難和悲歡，都將是最好的安排！**

正如著名作家羅曼．羅蘭的那句名言：「世界上只有一種眞正的英雄主義，那就是看清了生活的眞相，還依然熱愛生活！」

親愛的，願你歷盡悲歡，仍舊心向明月！

願你向著陽光，自由生長

01

陰天的午後，我打開信箱，看到你的信件靜靜地出現在那裡——就如你字裡行間流露出的怡然氣質一般，沒有絲毫突兀。

你說你四歲被父母遺棄，是路過的老奶奶收留了你，並替你取了名字：安蘭。奶奶沒有家人，靠拾荒維生，所以從那天起，在天橋下所搭起的簡陋房舍就成了你暫時的落腳地。

雖然你們經常露宿風餐，但奶奶還是給你很多愛，讓你小小的內心倍感溫暖。八歲那年，奶奶因為一場意外離開了。而你又成了孤兒，經由社會機構的協助，進了孤兒院，也到校園念書。你喜歡園長媽媽溫暖的笑、喜歡課本裡海浪拂過沙灘的圖片，你喜歡……

十六歲，你離開孤兒院，成了一家咖啡廳的服務生，經常在透明的落地窗前看這個城市的車水馬龍，也經常站在天橋上看日出日落。

你把一半的薪水寄給孤兒院的園長媽媽，平時也經常去那裡幫忙，希望每個孩子都能像當年的你一樣，感受到愛的存在。

你說自己喜歡笑，因為它能融化內心的黑暗。可是為什麼每次他一出現，你就那麼想逃？

他簡單、真誠，總是把喜歡的東西分一半給你，臉上也總帶著一抹淡淡的笑，可是你卻覺得一切是如此不真實。因為你害怕自己配不上他的好，也害怕自己卑微的出身令他卻步，更害怕到頭來這一切只是夢一場，最終還是會醒來。

你說你期待著，卻也惶恐著，不知該如何是好。

02

親愛的女孩，我喜歡這樣的你——雖然身世飄零，但周身都帶著像陽光一樣的溫暖。你沒有抱怨遺棄你的父母，也沒有批判世界的不公，只是默默地昂起倔強的笑臉，一聲不響的，朝著有陽光的方向前進。這麼善良的你，為什麼要輕易地否定自己呢？

我們每個人從童年一路走來，幾乎都帶著或深或淺的傷痕。你有你不被理解的苦悶，我也有我難以言表的遺憾。但這些，其實都不重要。

隨著時光的流逝，我們會逐漸成長，看各式各樣的書，遇見形形色色的人。你把所有的過往和故事都溶入了善良，才鑄成了現在蓬勃向上的你。

漸漸的，我們會遇見自己喜歡的人，也會被許多人所喜歡。

在這樣的交往中，有時我們會懷疑自己不夠好，配不上優秀的對方。而有時候，也會為喜歡自己的人而感動，這其實再正常不過，那些喜歡你的人會一如既往地欣賞你。就算知道你的出身、過往經歷，對於愛你的人來說，那些都不是問題，他們依然會像從前那樣愛著你。

女孩，你沒有做錯什麼，也不必為難自己去當一個完美的存在。因為就算你用盡力氣，也無法讓所有人都喜歡你！

你只需要做自己，這樣的你才是獨一無二的。所以你所想要的愛情，也應該是簡單、純粹，沒有任何雜質的，這樣的愛，才能配得上美好的你。

03

每個人的成長都會經歷或多或少的磨難，我們無法選擇出身，但是我們可以選擇自己想要的生活。

美國脫口秀女王歐普拉．溫芙蕾也曾經有過一段慘不忍睹的童年：六歲前，她和外婆一起生活，因為太窮，只能穿用麻布袋改成的裙子；六歲以後回到母親身邊，但疏於管教，她酗酒、吸毒、在街頭流浪；十四歲時意外懷孕，孩子不久便夭折。她相貌平平，總是自慚形穢，而且周圍的白人對她充滿歧視。

但是，即便如此又怎樣？她還是憑藉自己的努力和堅持，逆襲成為真正的傳媒業女王！歐普拉曾這樣講過：「你出生在哪裡並不重要，因爲我見過走出沙漠、穿越沙漠、出生在最可怕環境中的人。重要的是現在以及你願意抓住此時此刻。接受這一時刻，忘記過去的痛苦，大膽地邁步向前。」

人生的成功，不在於拿到一副好牌，而在於努力打好一副爛牌！

生命本就是一個不斷探索的過程，想要目睹沿途的風光，就享受不了原地打轉的安逸；想要品嘗愛情的甜美，就不能一直停在自己風平浪靜的小窩裡。

與其惴惴不安地空想，不如踏著自己的節拍往前走，用溫暖的力量讓自己發光。

04

親愛的女孩，其實你很棒！

你那麼善良，為何不開心地做自己？很多事情本來就沒有什麼對與錯，只不過是選擇不同而已。

不要輕易地懷疑自己，也不要質疑自己的想法。如果你清楚知道想要什麼，並且可以確定以後不會後悔此時的決定，那麼，就勇敢向前吧！你喜歡他，他也喜歡你，在一起就好，何必糾結？命運應該掌握在自己的手裡，快樂還是悲傷，自由還是受拘束，都由你來做選擇。

人生的軌跡如何並不重要，重要的是在當下的每一分每一秒裡，你是否正做著想做的事，是否正慢慢成為你想成為的人？別總是盯著自己的缺點看，也別總是想著自己值不值得，思慮太多即是負累。**量力而行，聽從內心的聲音，才最從容**。

電影《卡薩布蘭卡》中有一句很經典的臺詞：「**你現在的氣質裡，藏著你走過的路，讀過的書和愛過的人。**」

每一段故事皆有安排，每一次經歷都是必然，一切都無法重新再來，所以也無須頻頻回頭。

忘記昨日的苦和痛，願你帶著固有的溫暖，繼續朝著陽光明亮的地方，恣意生長！你應該被呵護、被珍惜、被認真、被深愛、被捧在手掌心上。

濁酒一杯，願有人陪你立黃昏；餘生幾何，願你被生活溫柔以待。

Chapter

3

放棄，不是你輸了，而是你懂了

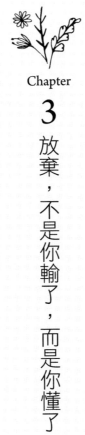

01 你還年輕，可以成為任何想成為的人

小霜今年二十三歲，她是一家西餐廳的服務生，每天看著餐廳裡來來往往的人群，總覺得人生充滿無限可能。

她羨慕那些衣著光鮮亮麗的年輕白領客人，他們每天都能帶著自信的笑容，安然地坐在店裡喝下午茶，聊天中還會不時說出幾句流利的英文，處處都彰顯著從容。和他們相比，小霜感到自慚形穢。她來自一個農村，沒接受過多少文化薰陶，就連普通話也講得不是很標準，自然不敢奢望人生會有多大的轉機。

每當她看著那些都市女孩美麗的容顏時，內心總是羨慕不已。她怨恨自己的出身，也恨自己沒有改變命運的能力和機會。

和小霜同齡的女孩子下班後，每天除了逛街就是追劇，但她卻比較喜歡待在書店裡看書，思緒隨著書中主角跌宕起伏的命運而浮想聯翩。有時候會希望有個人能把她從現實的不如意中拉出來，讓她變得更有力量。

但現實往往是殘酷的，她在租屋處看書的時候，室友們經常會帶點譏諷地笑她：「你還想著要考大學嗎？」每每這時，她都笑著不去理會，因為她從沒想過要考大學，但也不想一輩子過著這種一眼就能望到頭的生活。

02

我非常能理解小霜的心情，因為我認識很多像她這樣的女孩子。她們善良、體貼，可是對未來充滿無盡的迷茫，也不敢相信幸運會屬於她們。

但即使這樣又如何？她們之中還是有人能衝破層層障礙，克服大大小小的困難，成為人生的贏家。

在這個生活節奏如此快速的時代，很多人在工作之餘都只想著及時行樂，從來不去想未來的規畫和方向。想要好好努力的你，或許和他們有些許不同。

就像香港作家亦舒說的：「一個人的時間用在什麼地方，是看得見的。」

有的人在上下班的路上、午休的時候、等人和等電梯的空檔都在學習，雖然碎片化的學習時間很少，但是累積起來卻很驚人。這就是為什麼每個人都是一天二十四小時，有的人能將自己的生活過成詩，而有的人卻只能渾渾噩噩度日。

我們不去探究「及時享樂」與「沉默前行」哪個更有價值，但能夠確定的是——我們可以用什麼樣的速度前進。

你可以問問自己：「你是否想擁有更多？是否有來不及完成的夢想？」如果你的答案為「是」，不如就從現在開始實際付出行動吧！

要改變，就趁現在改變；要創造，就趁現在創造！只要你有強烈的意願，從什麼時候開始改變都不會太遲！

03

周冬雨因為在電影《山楂樹之戀》中飾演靜秋一角而一舉成名，也因為這部電影，讓她在人們的心裡樹立了一個善良、淳樸的形象。

但是娛樂圈對她好像不太友善，大家都說她不尊重前輩、耍大牌、沒禮貌、情商低……可是漸漸地，我們卻發現，這個單眼皮的小女生性格很可愛、耿直、慢熱。

她說：「我媽從小就教育我要像個『女漢子』一樣生活，讓我變得很能忍耐與承受。」所以，她學會讓自己堅強，努力用作品說話。

這個眼睛小小、身材單薄的女孩，憑著一臉的無所畏懼和爆炸式的演技，最終透過電影《七月與安生》證明了自己，在二十五歲那年獲得了第五十三屆臺灣電影金馬獎最佳女主角。

我們不難發現，很多年少有為的年輕人，最大的特點不是多優秀，而是能夠把自身的亮點發揚光大。

別人說我眼睛小、皮膚黑、個子矮，那又怎樣？我雖然沒有太多的才華，但我很容易滿足，讀一本書就能讓自己充實一天。每次一點點小小的進步，都能讓我開心一整天。

雖然喝不起最貴的咖啡，買不起名牌包包，但我也能在小眾品牌裡找到自己的最愛，把自己打扮成令人舒心的女孩子。

總有些人能披荊斬棘、出人頭地，成為我們的偶像，這也使我們明白：即使不完美，也能夠擁有燦爛的人生。

女孩，你才二十幾歲，可以去讀書，也可以去旅行，可以擁有大把夢想……你可以盡可能地去嘗試各種不同，讓自己擁有有趣的靈魂。

因為你還年輕，還來得及成為任何你想成為的人。

04

劉同在《誰的青春不迷茫》中寫道：「你覺得孤獨就對了，那是讓你認識自己的機會；你覺得不被理解就對了，那是讓你認清朋友的機會；你覺得黑暗就對了，那是讓你發現光芒的機會；你覺得無助就對了，那樣你才能知道誰是你的貴人；你覺得迷茫就對了，誰的青春不迷茫？」

真正的成長，應該是有足夠的勇氣去挑戰那些你不喜歡的，克服那些不甘心，突破那些未曾涉足的。因為只有這樣，才能讓自己更有底氣地追逐真正喜歡的東西。

成長的路上，總免不了被質疑、被否定，但我希望你不要因此放棄最初的夢想。那些你不肯妥協的時刻、心甘情願去追逐的光芒，終會讓你更有能力地去負擔自己的那些喜歡。

任何人的世界裡，都沒有「容易」二字，你會不開心，也會無奈，但你早晚都會明白，那些冰冷的現實背後，有自己更想去爭取的美好未來。

長大，本就是一段重生的過程。

如果走投無路，不妨試試後退一步

01

辛珂和老公從高中就開始交往，後來結束了七年的愛情長跑，步入了婚姻。剛結婚的那幾年，兩人感情很好，羨煞旁人。那時，公司剛升辛珂為銷售部主管，老公的生意也相當順利。

也可能是因為太如意了，上天就故意刁難一下。結婚四年，辛珂一直沒有懷孕。老公帶她去了很多家權威醫院，吃遍中西名藥，甚至嘗遍所有搜集來的偏方，結果卻還是讓他們一次又一次的失望。

面對這樣的結果，老公一開始還能感同身受，後來卻漸漸冷漠。到最後直接連家都不回，扔了一紙離婚協議書給她。十幾年的感情，說斷就斷。

本以為這樣已經夠淒慘了，沒想到，在一次例行性體檢中，辛珂被查出患乳腺癌第一期。

一次又一次的打擊中，使她像個逃兵一樣，丟盔棄甲，慌不擇路。人生最絕望的事情，莫過於當你認為還有轉機時，卻不知道上天早已判你死刑。

辛珂把自己的存摺遞給父母，哭著跟他們說：「這輩子可能無法盡孝了。」在反覆的檢查裡，吃著大大小小的藥丸，看著醫院來來去去的人。突然有那麼一刻，辛珂的腦海裡閃過一個念頭：「這個世界上，除了生死，其他都是小事！」也就是在那個瞬間，她覺得自己頓悟了：只要活著，就有轉機。

02

生活是一段撲朔迷離的旅程，既有巍巍高山也會有茫茫荒漠，從來都沒有人能清楚知道自己的前方究竟會是什麼？

一路向前，你有可能途經懸崖峭壁，也可能面臨渺渺煙波。但是，很多時候，層巒疊嶂的山川間有棧道可以走，驚濤駭浪的水面也會有船可渡。

所謂的絕境，通常不是生活給予的，而是人在內心替自己設定的。我們常常會覺得生活給了太多的痛苦——你無法忍受，也逃不出去，好像只剩下了走投無路。可是，你有沒有想過，在走投無路時，還可以退一小步呢？

很多人在面對人生最黑暗、最糟糕的時光時，就算曾經書寫過經典，創造過輝煌，也無法理智地對待自己。

但這個世間，總會有人挺到陽光之下，讓自己活成傳奇——他們並不是聰明絕頂，而很可能只是懂得適時地後退一步。

伊阪幸太郎在《Lush Life》中這樣說：「只是你自以爲走投無路而已。人都是這個樣子，就像在沙漠裡用一條白線圍出一個區域，大家都害怕白線以外的沙漠，一步都不敢跨出去。明明周圍都是沙漠，可以來去自如，卻主觀地以爲只要踏出白線就會死掉。」

任何時候，我們不能因為走得太遠，就忘記自己是為什麼而出發；也不能因為站得太高，就忘記路始終在我們腳下。

03

中國著名作家史鐵生曾經說過這麼一段話：「我四肢健全時，常抱怨周圍的環境多糟糕。癱瘓而坐在輪椅上之後，懷念當初可以行走奔跑的日子，才知那時多麼陽光燦爛。幾年過後，坐也坐不踏實了，長了褥瘡，懷念起兩年前安穩地坐在輪椅上的時光，風清日朗。

後來得了尿毒症，覺得褥瘡也還好。

又過了幾年，因爲要洗腎，所以清醒的時間很少，這才知道尿毒症初期也沒那麼糟糕。」

他曾試圖自殺三次，但最終在靈魂深處那個不屈、樂觀的他，還是對自己說：「死是一件無須著急去做的事，是一件無論怎樣耽擱也不會錯過的事，是一個此生必然會降臨的節日。」不再對自己苦苦相逼，他反而活過來了。

人生此後的二十年，他用文字拯救自我，靠思想自由飛翔，坐在輪椅上寫出二十部短篇小說、六部中篇小說、兩部長篇小說、十八部隨筆散文和兩部電影劇本。

他用殘廢之軀，活出比常人更加充實的人生，也為身陷黑暗和困頓中的人，點亮一盞名為「希望」的明燈。

他短暫而堅強的一生，詮釋了這樣飽含熱淚的詩句：

「勇者從不刻意製造死亡，而是允許活著的每一天，都綻放出無畏的光芒。」

如果走投無路，不妨後退一步，會發現，其實讓你跌倒與絕望的，從來都不是別人，而是自己。那麼，何不敞開心扉，放自己一馬？

退後一步，也是為了更好地前行！

04

人生並不是只能向前的單行道，有時候退一步不是為了逃避，也不是為了敷衍自己，而是為了看清處境，更好地向前。

當辛珂領悟到「這個世界上，除了生死，其他都是小事」以後，她就不再那麼憤世嫉俗，反而讓自己靜下心來去思考人生，尋找自己沒有體驗過的風景。

她明白以前太想要有個孩子，卻忽略了自己本該擁有的幸福；她知道，自己為了恨，漸漸忘卻了愛的存在，所有的緣起，終是放不下在作怪。

她終於明白：放棄，並不意味著她輸了，而是她懂了。

於是，她積極地配合治療，用空閒的時間遊覽山河盛景，讓自己沉浸在重生的希望中。兩年後，她的癌細胞得以控制。再後來，辛珂遇到真正愛她的人，還生了一個健康的孩子。

生活有時候就是這樣——行至水窮路自橫，坐看雲起天亦高。

根本就不會有真正的「走投無路」，退一步，也許你就會發現，其實距離出口也就只有那麼一小步路而已。

人生就像是塊香料，只有放在名為「不認輸」的火上炙烤，才能使香氣更加濃郁、美妙。這個世界上，每天都有人在經歷著各式各樣的磨難，但只要不放棄希望，縱使夜路漫漫，艱難緊隨，也能浴火重生、熠熠生輝。黑暗中，你要成為自己的光。

親愛的，美好如你、堅定如你，即使退後一步，還是可以擁有自己想要的人生！

01 所謂山窮水盡，可能是另一種柳暗花明

王楠真的不明白，那麼大的公司怎麼說垮就垮了。一年前，自己仍是公司總經理，而現在，除了一身債務，她什麼也沒剩下。

她和老公白手起家，從山東農村出來打工，先是在路邊擺攤賣早點和宵夜，也到工廠工作過，最後，兩人憑著吃苦耐勞而來的積蓄，開了一家小型貿易公司。那時候景氣正好，用十幾年的時間，夫妻倆已經將公司發展成一家擁有數千名員工的大型企業，老公成了董事長，而她是總經理兼財務總監，一切都相當順利。

誰也沒料到，後來的一場金融危機，讓他們遭遇了巨大的困難，她和老公幾番奔走，可是都沒人肯施以援手。

王楠原本打算開源節流，縮小規模、減少員工數量，大不了再多吃幾年苦。可是就在這個節骨眼上，老公竟然捲款逃跑了。

面對一堆債務，還有許多等著發薪水的員工，無奈之下，王楠低價變賣了工廠，

結清了員工的薪水，最後連房子都沒有留下。

那天晚上，她站在公司的頂樓，突然有股跳下去的衝動。老公跑了、銀行的貸款到期了、討債的人天天追著她跑，就連兒子就讀的學校也在他們圍堵的範圍裡……這種糟糕的日子讓她看不到一點希望，只剩下絕望，她不知道活著還有什麼意思。

「媽，這裡風好大，我們回家……回去吧？」

兒子略顯焦急的聲音出現在身後，她回過頭，看著兒子那張帶著疲倦的臉，眼淚奪眶而出。

02

有時候，黑暗總會在你毫無準備之時當頭籠罩下來，讓你措手不及，甚至根本不知道該如何反抗。

我們一生的軌跡，總會有高低起伏，困難、挫折、絕境總是時時出現，所以在這條道路上跋涉，本來就沒有那麼容易。我們會徘徊、沮喪、怨恨，甚至想放棄希望，不再做無謂的掙扎……這些都是可以理解的。

但是，你真的寧願放棄，也不願再向前或向左、向右一步嗎？

有這麼一個小故事：老和尚問小和尚：「如果你前進一步是死，後退一步則亡，你該怎麼辦？」

小和尚毫不猶豫地回答：「我往旁邊去。」

是啊，漫漫人生路上，誰都有可能會遭遇到無比糟糕的境況，但是別怕，天無絕人之路，很多時候，**所謂的山窮水盡，恰是另外一種柳暗花明**。

宗光中在《記憶像鐵軌一樣長》裡說道：「說是人生無常，卻也是人生之常。」生活有時候就是這樣，或喜或憂都是人生常態。世事難料，本以為一切都會按預想的軌跡運行，卻意外發生偏轉。世事無常，未來什麼事情都有可能發生，但無論發生什麼，只要信念不滅，終將有解決的辦法。

所以，凡事不要預支煩惱，否則既是傷害自我，又是庸人自擾。

「禍兮，福之所倚；福兮，禍之所伏。」眼前的境況是好事還是壞事，是喜還是憂？誰也說不清楚，因為凡事都有可能峰迴路轉。

所以，即使生活有再多的不如意，也要學會溫暖自我，並給自己多一點欣賞和鼓勵。

03

二〇〇二年，中國臨安的一個女孩許益琳因為一場車禍，從十幾公尺高的地方跌落溪谷，從此半身癱瘓，即便她努力配合治療，卻依然是藥石罔效。一時間，她被命運狠狠地踩在腳下。

可是，面對年邁的父母，她收起了眼淚。決定要好好活下去，尋找生命中更有意義的事情。二〇〇五年，許益琳看到了知名電商的榮譽店家頒獎晚會，因此深受啟發。她們家在賣山核桃，而且有自己的堅果食品廠，因此她立刻將老家的店上網註冊成一間賣山核桃的網拍店。

經過一個月的努力，她的網拍店已經初具規模，之後她繼續摸索，使用當時尚未普及的快遞來協助寄送貨物。後來也陸續吸引到一些新客戶，生意越做越好，也越做越大。

雖然賺到了錢，但是身為殘疾人，一天在電腦前工作十二小時對她來說，是一個非常大的考驗：夏天容易生褥瘡，冬天時，腿更像是從冰窟裡撈出來一樣，膝蓋、小腿、腳後跟全部都凍傷了。

但即便比不上正常人，許益琳還是沒有放棄過。憑著毅力，成為全村第一個做電商的年輕女孩，由她經營的店鋪更成了網路名店。

生活中我們總會遇到許多坎坷和挫折，它們揮舞著拳頭，重重地砸在你身上，一次又一次，直到你如被擊倒的拳擊手一樣，癱倒在地，在裁判的讀秒聲和身邊圍觀者越來越模糊的起鬨聲中失去意識。但是，無論如何，你都要告訴自己：「**人生沒有過不去的檻，即使被打倒，也還是有爬起的那天。那些與眾不同的人生經歷，其實也是最寶貴的財富，因為那是上天對你的恩賜！**」

04

既然活著，就總會遇到闖不過的難關，你可以抱怨、可以哭泣，可是要知道，不管你怎麼悲傷，明天的太陽還是會照常升起。

世上的每個人其實都一樣，你有你的煩惱，他也有他的感傷，並沒有誰會一直一帆風順。

如果累了，就去路邊吃一碗熱氣蒸騰的牛肉麵，聞一聞路邊的野菊，看一部幽默或感人的電影……也許，你就會發現不一樣的人生。

生命是一場無止境的馬拉松，要想跑到盡頭，你就必須不斷用力，即使摔倒，也要咬牙爬起。而這場生命馬拉松的可愛之處，大概就是它會不斷對我們施壓，同時又會不斷激發出我們的潛能，看看在這場馬拉松裡，誰才是真正的贏家。

有時候，所謂的山窮水盡，也不過是一種錯覺，如果你肯換一種思路，堅強地尋找出路，就一定能夠柳暗花明。

我很喜歡韓劇《我是金三順》中的幾句話：「去愛吧，就像從沒受過傷一樣！去跳舞吧，就像不曾有人欣賞一樣！去唱歌吧，就像沒有人聆聽一樣！去生活吧，就像今天是世界末日一樣！」

人生苦短，不要太糾結於當下的不順遂，多去展望明天、看看更大的世界，去為這僅有一次的生命盡情地活！因為，一切都會過去，黑夜再長，也總會迎來黎明！

你成熟坦然的樣子，也很好看

01

「你看看她，才三十幾歲，就把自己弄得跟個大媽似的，也不知道要保養。」

「就是啊，要是我長成那副模樣，我寧願死，也不願出來丟人現眼！」

「你們小聲點，別讓她聽見了……」

公司裡的幾個女孩子，擠在茶水間裡，嘰嘰喳喳地議論著她的長相。

林楠的眼睛依然盯著電腦螢幕，但心裡卻早已洶湧不止。

兩年前，她也和別的女孩子一樣，過著無憂無慮的生活，但在某天，被父親的一場病，打亂了所有的節奏。

那天，父親在鍛煉身體時突然暈倒，經過搶救，雖然保住了性命，但下半身卻因而癱瘓，再也站不起來了。這個結果不僅父親自己難以接受，連她都不敢相信原本硬朗的父親，此後的人生只能在床上和輪椅上度過，而且還需要人長年照顧。

母親本來體弱，完全無法支撐父親起身，而父親又拒絕任何陌生人接近，所以家人請來的保姆全都被他給罵走了。

無奈之下，林楠只能搬回家住，幫忙母親照顧父親，除了身體上的勞累，更多的是精神上的壓力。也就是在這樣的情況下，她竟然意外流產了，而她自己也壓根兒沒留意到這個孩子早已到來。

一時間，自責、悔恨和怨懟統統都湧上心頭，她甚至開始在照料父親的過程中對他說狠話，甚至詛咒他。

直到老公發現她的異常，把她接回家，開導她這一切都不是她的錯，他會陪著她，直到所有的情況都好轉起來。

最終，她在老公的幫助下戰勝了心魔，而父親也慢慢地好起來。

02

生活中，我們總是會遇到這樣的人，他們從來都不知道別人經歷過什麼，卻總是喜歡對別人指手畫腳。他們會嫌棄他人的穿著沒有品味，會議論人家不懂得怎麼保養，也會處處顯示出高人一等的優越感。

可是，不管別人說了什麼，說了多少遍，最終只有我們才懂自己。

我們略顯衰老的容顏，可能是為了親人的健康而連夜輾轉的操勞；我們稍微過時的服飾，可能是為了讓家人能有更好的生活條件而節省；我們走樣的身材，也可能是因為剛剛和焦慮、挫折進行過生死抗爭。

親愛的，別人說什麼，真的不重要，重要的是你能夠坦然面對自己真實的內心。

就好像余秋雨說的：「成熟是一種不再需要對別人察言觀色的從容，一種終於停止向周圍申訴求告的大氣，一種不理會周圍人哄鬧的微笑。」苦難的歲月會讓我們變得成熟、學會遷就，讓我們忽略別人的指指點點。

有人說：「成熟就是面對無理取鬧，也能從容沉著；面對突發事件，也能寵辱不驚。」當我們經歷過種種不幸，生活會將我們磨礪得越來越堅毅、勇敢，曾經的年輕氣盛會漸漸褪去，不會再斤斤計較，而是慢慢習慣寬容。

時間給予我們的，除了滄桑的容顏外，還有豁達的心胸和睿智的頭腦。

我們會開始懂得讓步、審時度勢，也會漸漸學會接受、原諒，用善意和妥協與這個世界溫柔相處。

03

二〇一八年，熱門電視劇《如懿傳》播出，飾演如懿的周迅在裡頭的演技其實很好，卻還是因為形象問題，引來一片罵聲。

網路上出現許多像是「都已經四十幾歲了，還演什麼少女？」「以老裝嫩！」「缺乏少女感。」等評論。面對各種質疑聲，周迅也曾痛苦不堪。她在一個訪談節目中回憶，因為沒有辦法面對衰老，她從早上起來就坐在沙發上哭。

就連被譽為「永遠的少女」的周迅，也同樣懼怕變老，渴望青春常駐，但時間卻由不得人自由選擇。

但好在，她已經能夠坦然面對年華老去，不再糾結於年齡，索性把自己交給歲月安排，只想要自在地活著。

她去看海、看日出、去郊遊，在陽光下微笑，在春花裡爛漫……

她曾在社群網站裡寫道：「我有一件重要的衣服，叫自我。」這個開始試著接受歲月的雕琢，把餘生交給自我的女人，反而因為坦然而活得更好。

隨後，電影《你好，之華》上映，周迅在裡面飾演一位四十多歲的母親。

劇中袁之華再見初戀時的坦然，對待孩子時的體貼，安撫父母時的和順，都如同一抹和煦的春光，讓人舒服而安定。

如果說二十多歲的周迅讓我們明白了什麼是純粹，四十多歲的周迅則讓我們看到了從容和大氣。

前者，是與生俱來的好基因；而後者，則是漫漫時光的饋贈。

歲月能改變年齡和容顏，但卻無法改變心性。當我們落落大方地應對各種世事紛雜時，姿態依舊可以驕傲而美麗。

04

三毛曾在《隨想》一書中這樣寫道：「我們三十歲的時候，傷感於二十歲已經不再回來。到了五十歲，便懷念三十歲的生日又多麼美好。

當我們九十九歲的時候，想到這一生的歲月如此安然度過，可能快樂得如同一個沒被抓到的賊一般嘿嘿偷笑。」

時光之所以很美，就在於它的必然流逝。我們應該慶幸人生的每一個階段，都會淬煉出不同的美，然後坦然地與時光和解。

就如那些優秀的人從來都不會哀嘆時光飛逝一樣，他們只會大方地跟隨歲月的腳步，把每一分每一秒都活成自己喜歡的樣子。

真正的美，從來就跟年齡、容顏無關！

正如莒哈絲在《情人》中所言：**「你年輕時很美麗，不過跟那時相比，我更喜歡現在你歷經滄桑的容顏。」**

邁入了中年又怎樣？眼角有了細紋又怎樣？

歷經了歲月的磨礪，我們沒有了戾氣與哀怨，步履和神態中都增了一分灑脫與內斂。此時此刻的你，真的比誰都美，**別不相信，你成熟坦然的樣子，就是當下最美的風景！**

Chapter

4

有些事不值得原諒，跟有沒有度量沒關係

01 對於不原諒這件事，你真的不必感到抱歉

在一次同學會上，阿琳遇見了大學時的好友芳芳，她一臉歉意地說：「琳，對不起！這是我一直想對你說的話，希望你能原諒我。」

阿琳只是淡淡地點了點頭，沒有多說一句話，就把頭扭向了另一邊，全程沒再看芳芳一眼。

第二天，芳芳在大學同學的群組裡說阿琳很小氣，以前的事都過去那麼久了，而她都已經拉下臉道歉了，阿琳卻還不肯原諒她。

有不少人在社群軟體裡勸說阿琳：

「畢竟當時大家都年輕，以前的事情就不要太計較了！」

「你應該有度量一點，人家都已經道歉了，該原諒就原諒吧！」

「原諒別人就是放過自己，何必太計較！」

對於來自各方的勸解和留言，阿琳只回了一句話，就默默地退出了群組。

她說：「你的道歉我收到了，但我就是不要原諒你！」

別人只知道，她大學時的男朋友和芳芳在一起了，卻不知道她曾經為了那段愛情和友情付出過多少心血。

她為了和男朋友考上同一所大學，高三那年幾乎沒有好好睡過一覺。

她曾非常珍惜和芳芳的友誼，為此放棄過全年級獎學金的評選——因為在獎學金和友情之間，她寧願選擇好友芳芳，也因此，芳芳獲得了獎學金，而阿琳卻從未告訴過她這個實情。

她是這樣掏心掏肺地對待自己的愛人和朋友，結果卻被他們雙雙背叛。

那之後的大學時光，對她來說統統都是黑暗的。沒有人知道她是怎樣度過那段時光的……

時過境遷，芳芳卻想要求得她的原諒，憑什麼？

02

生活中總會有那麼一些人，他們根本不知道你經歷過什麼事，就輕描淡寫地說：

「做人嘛，有度量一點。」

還有人會說：「我都已經道歉了，你為什麼不原諒我？」

但是，一句道歉是無法將我們的委屈、心痛一一抹去的。這個世界上有很多事情可能小得如同一顆碎石，可是那些在別人看來似乎微不足道的事件，或許很有可能會影響我們一生。

很多時候，有些傷害具有毀滅性，甚至是不可逆轉的，所以，不肯原諒，自有其道理。

世事如人飲水，冷暖自知。對於是否選擇原諒這件事情，沒有任何人可以指責你，而你根本也不必感到抱歉。

有時候，懂得原諒可能是善良、有度量，但是不原諒也不一定就代表不善良、小心眼。

很多人都喜歡不問前因後果，就站在道德的制高點指責別人，以善惡混淆是非。但是，對於我們來說，要不要選擇原諒，只與你有關，別人不懂你的苦，也根本沒有資格勸你要有度量。

以德報怨，何以報直？所以，原不原諒，只能由你說了算！

03

有一位女孩因為家庭貧困，出生後不久，親生父母便把她送給別人了。她陪著剛相認的姐姐去參加《中國夢想秀》節目時，為了節目效果，姐姐瞞著她和節目組，將親生父母請到錄影現場，要求女孩現場認親。

沒想到這個女孩在現場很乾脆地拒絕了。因為過去二十多年裡，親生父母和她生活在同一個鎮上，卻從來沒有去看過她。在她最需要親情的時候，都是她的養父母陪在她身邊。

女孩的拒絕，遭到眾人的指責，主持人說她「心胸狹隘」，要她學會換位思考，多想想當年父母的難處，應該學會原諒，否則不可能幸福。

女孩一臉尷尬地站在舞臺上。

事後，她說：「我有原則，不願意就是不願意。」

我其實很想問主持人，你沒有經歷過女孩一出生就被拋棄的痛，也不知道她成長的路上曾經歷過什麼，你憑什麼要她原諒？

有句話說得很好：「**刀子沒有插在自己身上，你永遠不知道會有多痛！**」很多時候，我們所做的事情，跟有沒有度量其實沒有半點關係。拒絕原諒，並不代表我們無情，恰恰是因為我們更懂得要對什麼樣的人有情。

有些東西就像堅硬的倒刺，插在肉裡，長在心上，如果強行拔出來，就是對自己的二次傷害。

所以，忘記不了，那就銘記；無法釋懷，那就不必釋懷。

04

成年人的世界裡，不是所有的「對不起」，都會換來「沒關係」。

美劇《馬男波傑克》裡有一段情節讓我印象深刻：赫伯和波傑克是好朋友，即使在波傑克人生最低潮的時候，赫伯也在一旁陪著他。

但是當赫伯因為爆發同性醜聞而處於事業低谷時，波傑克卻選擇了保持沉默，拒絕提供幫助。後來，赫伯罹患了癌症，波傑克去醫院探望他，並向他道歉：「赫伯，對不起。」

「我知道，我說我不原諒你。」赫伯說：「你可以向我道歉，但我也可以選擇不原諒。如果你的道歉只是為了讓自己好過，而不是真心誠意地覺得你錯了，那麼我也不會原諒你。因為從來沒有人規定道歉就一定可以得到寬恕。」沒錯，並不是所有錯誤都應該被原諒，我們每個人都擁有「不原諒」的權利。

但是，不原諒並不代表會耿耿於懷——過去的那些傷害早已在歲月的長河裡結痂，而我們也終將會忽略那些「肇事者」的存在。

亦舒曾說過：「最佳的報復不是仇恨，而是打從心底發出的冷淡。幹嘛花力氣去恨一個不相干的人呢？」

我不原諒你，但我會忘記你，因為這能讓我有更多時間和精力，可以去記得別人的好，然後成為更好的自己。

我沒有原諒你，但是放過了自己，這，便是最好的結局。

01

保持界線感，是最體面的交往方式

淺淺和小美就讀同一所大學，畢業後又在同一家公司上班。雖然上學時她們也只是點頭問好的關係，但成為同事後，兩人的感情不自覺就拉近了。

於是，她們在公司附近合租了一個房間。淺淺比小美大幾個月，所以小美總是「姐、姐」地喊她，而淺淺也樂於接受。

淺淺愛乾淨，所以收拾房間這件事，很自然地就由她負責。可是，兩個月後，淺淺就想搬出去了。

她知道小美比較粗心，所以有些小事她就覺得算了，但偶爾還是會提醒她，可是小美每次都是當面答應，轉頭就忘了。

不僅如此，小美還喜歡擅自用淺淺的東西，例如沐浴乳、BB霜、衣服、鞋子，甚至包包、圍巾，都會被小美理所當然地拿去使用。淺淺已經明確表示過，她不喜歡別人亂動她的私人物品，但小美還是笑嘻嘻地說：「姐，我們兩個之間的交情還需要分你我嗎？你的就是我的，我的就是你的。」這些雖然讓人生氣，卻還不至於讓淺淺狠下心和小美翻臉。

但是，某次淺淺在下班後，因為一件急事，又返回公司一趟，回家後，卻看見小美抱著她的筆記型電腦，坐在她床上看劇。

「誰准你動我電腦的？我花了好幾天做的設計圖還沒存檔，不見的話，你賠得起嗎？」淺淺氣得大吼。

「有需要這麼氣嗎？那張圖我已經幫你存檔了，那麼大聲幹嘛？」小美也不甘示弱地回答。

於是，那天她們倆大吵了一架，淺淺當下就有了搬出去的念頭。

02

生活中經常會遇到這樣的人，他們就是因為「太不把自己當外人」，常常以熟識為藉口，忽略人和人之間應該保持的界線感。

「我們關係這麼好，借我穿你一件衣服又怎麼了？」

「不就幾十塊錢的事嗎？有需要這麼小氣嗎？」

「你的就是我的，我的就是你的。」

這些話聽起來似乎很親密，但其實不管朋友也好，戀人也罷，與別人的相處中，保持界線感真的非常重要。

所謂高情商，其實也就是能夠在交往中恰到好處地掌握和別人之間的界線，任何時候都懂得和別人保持一定的距離，搞清楚自己的定位。

三毛說：「朋友再親密，分寸不可差失，自以為熟，結果反生隔離。」

那些真正好的關係，都是自帶界線感的。

「距離產生美」這句話說得一點也沒錯。彼此尊重、彼此珍惜、保持距離，這才是最體面的交往方式。雖然說「熟不拘禮」是一種隨性，但懂得熟而不越界、不逾矩，才是一個人真正的修養和智慧。它不單單是做人處世必須遵循的原則，更是衡量一段關係能否走得長久的前提。

所謂「將心比心，方得真心」，說的也正是這個道理。

不去考慮你的感受，不顧你多次的勸阻，一直在你生活中為所欲為的人，遠離他或她，無疑是最正確的選擇。

03

《莊子》言：「君子之交淡如水。」

是的，朋友、戀人、親人之間，並非無話不談才是真正的親密，真正好的關係，都懂得保持適當的界線。

我尊重你的不同，你也明白我需要空間。就如兩隻刺蝟想要在一起，就必須擁有剛剛好的距離，既能陪伴對方，又不會刺傷對方。離得太遠，感受不到對方的溫度，而靠得太近，又會刺傷彼此，所以只有距離剛好才恰到好處。

中國偶像劇《歡樂頌2》中，最受歡迎的當屬安迪，因為她不但冷靜理智，而且待人處事都有自己的界線：對朋友交心，但把握分寸，絕不越界。

劇中，對於應勤和邱瑩瑩之間的事情，身為她們的好友，關雎爾一心想勸和。但安迪一語點明真相，她說：「兩個成年人，我們身為朋友的，尊重她們的價值觀。遇到不同意見時，我們提醒，但不插手。在她們遇到困難時，提供適當的援助，只能如此。」

你遇到困難的時候，我會在身邊陪伴、鼓勵你，而你過得很好的時候，我也會在一旁默默祝福。這應該是友情中最好的狀態。

任何一段關係裡，保有自己的一席之地，既獨立又親密，才是長久之道。

正如中國作家周國平曾在《守望的距離》中所言：「兩性交往，不論是戀愛、結婚，還是某種親密的友誼，都以保持適當距離爲好。那些能夠眞正長久的友誼，都懂得適當地保持距離，以及擁有彼此之間恰到好處的界線感。」

04

的確，不管你在哪裡、做什麼工作、遇見什麼樣的人，都會和別人產生或多或少的聯繫，發生各式各樣的關係，而這些關係如果想要呈現出良好局面，並且長久保持下去，其實都離不開良好的界線感。

你有你的生活方式，我也有我的生存理念，我們可以給予對方意見，但絕不粗暴干涉，更不去窺探隱私、進入別人已經設防的區域，這才是和人交往時最恰當、最容易被接受的方法。

親近地保持距離，才是最恰當的交際方式。

我們每個人都是一個獨立而完整的個體，尊重並接受彼此間的界限感，不僅僅是對他人的一種理解和包容，更是對自己的關心和愛。

人與人之間，相處要掌握分寸，不過於緊迫地進入別人的生活中，也不強人所難，把自己的喜好強加在別人身上。如此，可以避免很多不必要的矛盾，在往後的相處中，才會越來越舒服且自在。

我們要明白，即使再親密的關係，也要保持一定的距離。既能守住自己的一方天地，也不隨意侵犯他人的邊界，這才是一個人最基本的情商和素養，也是我們在和他人相處時最體面的交往方式。

別再計較誰對誰錯，相忘於江湖就好

01

前幾天，江洋接到前女友的電話，他有些詫異，因為分手一年多來，她從沒跟他聯絡。

她說：「我和他分手了，如今我才明白還是你最好……會不會有點太晚了？」

彼時，江洋剛從失戀的痛苦中走出來，他們在一起的那三年，一直是他忘不掉的回憶。「我知道要你原諒可能有點難，沒關係……」

掛掉電話，江洋想起和前女友表白的那天，他所說的話：「我會一直愛你，直到時間的盡頭。」後來，他得知前女友是因為罹患抑鬱症而被拋棄的，於是不顧好友的反對，再次回到她身邊，想用愛挽救她。可是，他們在一起的時候，她總是提起那個「他」，說他如何狠心、絕情，讓她獨自承受磨難。

江洋想勸她忘記，可是每每看到女孩淒美的笑，就覺得除了陪伴，其實他什麼也做不了，因為忘掉一個人沒那麼容易。

慢慢地，江洋明白了，她不是想回頭，而是想利用他，向那個「他」證明分手後，她一樣會有人疼、有人愛。原來，他們之間三年的感情，終究抵不上那個人的提前離開，她並不是想回到自己身邊，只是因為不甘心被拋棄。

江洋最終選擇離開，因為他不想要任何模糊不清的關係。

「原來你們男人都一樣，說過的天長地久只是一句戲言，都抵不過時間！」即使前女友這樣批評他，江洋也不想去反駁了，如果註定不能相濡以沫，那就相忘於江湖吧！

02

年少的我們總以為只要有一顆赤子之心，一顆不管世界如何變遷都不忘初衷的心，就可以擁有最純粹的愛情。

可是，當經歷了一次又一次的波折之後，我們才漸漸開始明白：在感情的世界裡，並不是只有甜言和蜜語、浪漫與溫馨。那些童話裡的故事都是虛幻的，更多的故事到最後還是會以分道揚鑣收場。

愛情最迷人的地方即你的一顰一笑，總能牽動另一個人的心，而且願意為了愛人付出所有。可是，就算再怎麼愛一個人，也不會願意被對方一次又一次地欺騙吧？

如果一切都是自作多情，那麼放棄才是最正確的選擇。

一輩子，誰沒有過一兩個痛心的故事呢？生活總是起起伏伏，沒有誰會因為離開誰而活不下去。離開了對方，日子還是會照樣過，就算想起過往的回憶時，心痛到像是被重物打到一樣，也好過彼此折磨。

在成長的路上，我們總會放下那些曾經的執念，淡忘曾經的悸動。

總要學著成為一個成熟的「大人」，在遇到所有的事情時，慢慢學會不動聲色，用平淡或理性的聲音，訴說曾經的刻骨銘心。

那些錯過或者不對的人，相忘於江湖就好。

03

我們曾天真地以為：「所愛隔山海，山海不可平；海有舟可渡，山有路可行；為愛翻山海，山海皆可平。」

最後才明白：「山海皆可平，難平是人心！」

男生大都記得自己的初戀，這多半是因為她是年少時曾認真對待的人，但最後卻總是會在陰錯陽差之際失去她。

前任，到底是哪一任？

其實前任就是你認真愛過，但最後卻沒在一起的那一任。

有些愛會得到成全，但有些愛就是用來相互考驗的，有時候，相忘於江湖並不會輸給相濡以沫。

蔡康永曾說過：**「戀愛最珍貴的紀念物，是你留在我身上，如同河川留給地形的，那些你對我造成的改變。」**

那些錯過的人、曾經的遺憾，教會我們的不是如何體面地告別，而是告訴我們要學會珍惜眼前的人。

人的這一生很長，我們會碰到很多人，發生很多故事，有的人可能會一直在你身邊，陪你走完整個人生，但有的人註定只是短暫邂逅。但不管怎樣，都是因為這些人的到來，才塑造了現在的你。

那些未曾察覺到的成長和愛，只是藏進了歲月裡。

直到遇見對的他或她，你便能深情地說一句：「晚點遇見你，餘生全是你！」

04

每段人生都會有高潮和低谷，既然如此，為何不把握光陰，勇敢地穿越一場又一場的生命迷霧呢？每一個經歷都是生活的積累，每一次坎坷都是生命的歷練。放下煩惱與憂愁，帶上最美的微笑出發，只要腳下的路還存在，前方的希望就會在，回眸處，也會發現愛與溫暖其實一直都在。

有時候，遇見一個人、愛上一個人，並不一定非要執著於一個結果。那些曾經在一起的過往和經歷過的點點滴滴，回想起來也算是一種幸福。

就像賀一航在〈愛你不一定要擁有〉裡所唱的：「**誰都渴望天長地久，誰都想要一生擁有，愛情路上風風雨雨，沒人預計將來以後，緣分已盡，莫要強求。**」

那些孤獨徜徉的流年裡，沒有永恆的快樂，也不會有永遠的傷痛。累的時候，請記得停下來歇歇，難過的時候，可以蹲下來抱抱自己。寒冷的日子裡請多給自己溫暖，孤獨的時候記得為自己尋片晴空。

我們每個人都是紅塵過客，緣分來時你在我心裡，緣分盡時就讓往事隨風。那些能夠失去的，也沒必要再去計較誰對誰錯，倒不如「一別兩寬，各生歡喜」。相忘於江湖，其實也是種不錯的結局。

01 不必把太多人請進你的生命裡

林濤花了半個月做的企畫案被否決了，雖然他心裡有點難過，但還是決定從頭再來，因為他相信自己會拿出更好的。

可是，隔天的晨會上，總經理宣布通過的新企畫案竟然和他原本提出的如出一轍，只不過在資料方面做了一些更動，而提出新企畫案的人竟是他的好友兼合作夥伴馬洪。

馬洪比林濤早進公司幾個月，林濤把他當成師長一樣看待，因為他對林濤十分關照，也總是有意無意地幫他一些小忙。別人都說「職場無朋友」，可是林濤卻覺得自己非常幸運，因為他遇到了馬洪。

短短一年的時間，林濤已經成為公司企畫部十分重要的人才，這也和馬洪的幫助和大力推薦有關。

私底下，他們兩個「單身狗」也經常一起喝酒、玩電玩，甚至去郊區飆車。總之，不管是在興趣還是脾氣上，兩人都非常合得來。

他和馬洪一起研究過該企畫案的部分資料，但卻沒想到馬洪會剽竊自己的創意。會議結束之後，他聽到同事們私下議論馬洪可能會因此升為企畫部總監，畢竟這次接下的是個大單，而且合作方也非常喜歡這次的方案。

林濤很希望馬洪能給他一個合理的解釋，但是他卻始終沒有得到想要的答案，馬洪甚至不和他產生任何交流，好像事情的結果就應該是這樣。

半個月後，馬洪如願坐上了企畫部總監的位置，而林濤則選擇調離總部，去分公司開發其他市場。

02

《阿狸．永遠站》這本書裡有這樣的一段話：「人這一生，會遇到 8263563 人，會和 39778 人打招呼，與 3619 人熟識，會和 275 人親近，但最終，都會失散在人海。」

緣聚緣散，人來人往，大抵如此！

生命就像行駛的列車，途中會經過很多休息站，有的人走向你，融入你的生命；

而有的人就算與你擦肩而過，或者曾陪你走過一段難忘的旅程，但最終卻都消失在人海裡，從此不再相逢。

世界瞬息萬變，人潮川流不息。我們早應該明白：**時間能帶走的，都算不上真正的朋友，而歲月能留住的，才是擁有**。

生活在充滿各種物欲的世界中，最難懂的就是人心。可能你和他曾經是最要好的兄弟，一起吃過飯、睡上下鋪，甚至一起打過架……原以為沒什麼能把你們分開，卻在利益衝突時才發現——天下熙熙，皆為利來；天下攘攘，皆為利往。那些你曾在乎的兄弟情，在一夜之間面目全非，即使你想追問，卻根本無從問起。

是他錯了嗎？

但也許他會說他正承擔著旁人所不知道的重擔，或許是為了家人，或許是為了愛人，又或許是為了理想。

那是你錯了嗎？

不該無緣由地相信別人，還是根本不應該在職場上相信友誼？

其實，不過是「道不同，不相為謀」罷了。

人生苦短，何必浪費時間？摸不透的人心，就別再費力揣測；看不透的人，就隨他去吧。

我們每個人都有自己的圈子，所好不同，不必強硬融入。

圈子雖小，乾淨就好；人生苦短，無須把太多人請進你的生命裡！

03

中國作家桐華說：「當你的眼睛，不再黑白分明如嬰兒時，你眼前的世界，也就不會再黑白分明，屆時會有眞誠的冷漠、虛僞的善良、褒與貶的模糊、黑與白的交雜。」成年人的世界裡，並沒有簡單的好與壞之分，更多的是利與弊的權衡。

我們這一生，總會遇到許多三觀不合的人，而且根本避無可避。

有些人，即使你沒有做錯什麼，他也會無事生非、無理取鬧；有些人，即使你做得再好，他也會百般挑剔，潑你冷水；有些人，即使你推心置腹，他也會在利益面前置你於不義……

世人千萬種，人人各不同。無論你是什麼樣的人、變得有多好，也總會有人與你面和心不和、格格不入，或是遇到讓你煩躁不安的爛人爛事……

無法選擇你遇見的人，但你可以改變對人和事情的態度；不能改變人心善惡，但你可以堅守自己，不畏人言、不懼風浪。

可以學著主動忽略一些人，看輕一些事，讓自己在能夠自保的同時，處變不驚、及時止損，慢慢成為強大的自己。

04

我非常喜歡這段話：人生其實就像一條從寬闊的平原走進森林的路。在平原上同伴可以歡樂地結伴而行。可是一旦進入森林裡，茂密的草叢和荊棘擋住去路，情形就會變了，每個人專心走各自的路，尋找自己的方向。

世事大概也是如此，有些相逢是命中註定，有些人則會深深烙進心底，但大部分人都會在轉瞬間，消失在各自的生命裡。

就像街頭的紅綠燈，雖然在同一個十字路口等待的人很多，但往相同方向的人總是越來越少。

尊重你的人自然知道該怎麼待你，而那些不尊重你或者傷害過你的人，就讓他到這裡吧，不必與其同行。

我們不必怨恨，不必沮喪，學會接納一切，只在懂你的人群中散步，生命會盡享喜悅！

中國作家蘇岑曾說：「不必把太多人請進生命裡，若他們走進不了你內心，就只會把你的生命攪擾得擁擠不堪。」

人生有四然：來是偶然，去是必然，盡其當然，順其自然。

對你好的人，要記得珍惜，而對你不好的人，也不必太記恨，因為他總會消失在歲月的長河裡。

生命就是不斷遇見，又不斷分別的過程。我們身邊每個階段都會有不同的人，沒有人會陪我們走完全程。**寧可孤獨，也不違心，這就是最好的活法！**

Chapter

5

即便是株無人問津的小草，也終有屬於自己的生命軌跡

01

當個普通人，不丟臉

張遠大學畢業後，計畫好先到社會歷練個幾年，然後再讀個在職研究所，預計要在三五年內當上公司高階主管。

可是如今已年近三十，同年齡的同事很多都已經有房、有車、有存款，而他依舊是初時的窮酸樣，每天在大太陽底下晒得臉泛油光，騎著自己的機車，載著客戶滿街跑。不僅如此，他還發現自己很少有真正放鬆的時刻，雖然總是幻想休假時可以去旅行，但等到真的放假時，卻因為乾癟的錢包而勸自己：「算了，還是睡個好覺吧！」

喜歡的女孩陪在自己身旁好幾年，從來沒有向他開口提過錢，而他也從來沒有送過她一個像樣的禮物。他總想著等到手頭寬裕了，兩人就馬上結婚，只可惜再也沒等到那一天。女孩說：「對於這種看不到希望的日子，我真的很害怕，所以……我們還是分手吧！」

過年的時候，親戚們總是問他在哪家公司高就、月入多少、什麼時候結婚、結婚後會在哪裡買房子……他都只能苦笑沉默。是呀，他都快三十歲了，還是拿著微薄的薪水、從事一份升遷不了的工作、留不住心愛的女孩。

也不知道從什麼時候開始，他再也不談夢想了，因為光是努力生存就已經耗盡了所有力量，哪裡還敢談夢想？父母年紀逐漸大了，就等著他結婚生子，可是他連結婚都需要勇氣，更別提生孩子了。

生活，就這樣一點一點地把他逼進現實的塵埃裡。

02

我們生活在一個充滿焦慮的時代，人人都想成功、想賺錢、想證明自己。

打開手機，每天海量的資訊迎面而來：「〇〇公司市值預估超過千萬」「〇〇出了好幾本暢銷書」「〇〇出任公司CEO」……

網站上成千上萬的人在問這些問題：「月入二十萬是什麼感覺？」「年入百萬是種什麼樣的體驗？」甚至還有「年入千萬的觀感如何？」然後再回頭看看自己：沒房、沒車、沒存款，薪水甚至還不曾超過四萬……好像全世界都已經實現了財務自由，就只剩自己還在貧困上掙扎，怎麼能不著急？怎麼能不焦慮呢？

有句很揪心的話叫：「最怕你一生庸庸碌碌，還安慰自己『平凡最可貴』。」它鼓勵我們每個人都應該努力追求自己想要的精采生活，不要甘於平凡，做個庸碌的普通人。

從小到大，好像所有的書籍都在告訴我們，那些名人的一生是怎樣努力奮鬥的，要我們向他們看齊。卻沒有人告訴我們：也許我們終其一生努力上進，還是擺脫不了當個普通人的命運！

可是，**生而為人，我們原本就是平凡的，但同時，卻也是獨一無二的**。《月亮與六便士》裡有句話我一直記得：**「我拚盡了全力，過著平凡的一生。」**

所以，承認並且接受自己只是一個普通人，然後腳踏實地擁抱生活，其實並不丟人！

03

網路上曾有個獲得廣大迴響的問題：「當意識到自己是個普通人，那是一種什麼樣的感覺？」

有個網友在下面回答：「其實我們每個人的內心跟明鏡一樣，清楚明白自己原本就很平凡，只是心中有股執念和僥倖作祟，想著自己也許可以和別人不一樣。在接受自己很平凡的那一刻，便是把這股執念徹底澆滅，不再妄想、不再希冀，然後認命。」

當我們能夠接納自己的普通，不再覺得自己與世人不同，便不會再去抱怨環境、出身或者忌妒他人。接受自己是普通人，並不代表就會對生活絕望，反而會使我們更加穩重、踏實地回歸真實生活裡。

當我們能夠接受自己的平凡，不再憤世嫉俗，那也將會是步入真正成熟的起點。

其實，這個世界上絕大多數的人，都是普通人，他們過著平凡的生活，做著平凡的事情，直至生命終結，但是，就算再怎麼普通，只要不斷地學習，不放棄任何機會，終能活出屬於自己的精采。

即使你是一株無人問津的小草，也終有屬於自己的生命軌跡。走好每一步，才是你的人生！

04

我們大多都是普通人，沒有太多的錢，買不起太大的房子，更別說身家上億。但是，我們可以用心做自己，認真對待工作，全力服務客戶，用愛經營家庭。

當我們只有一輛機車時，不用羨慕別人有汽車可以開，因為一旦遇到塞車，再好的車也快不過機車；當我們不是從事薪資高的工作時也不必氣餒，錢多還是錢少，和自己的消費水準相匹配就好，用心生活，即使身在陋室也能心懷陽光。

普通人有普通人的快樂，只要用心，你就會發現，其實生活中也存有許多美好。就像中國作家路遙在《平凡的世界》一書中提到：「世界是由我們這些平凡人撐起來的。只要我們擁有堅定的信念，擁有對抗困難的堅忍精神，擁有敢拚搏向上的熱血，擁有對『真善美』的追求，我們依然可以創造一個不平凡的世界。」

人生本來就有千萬種活法，做不成人人羨慕的大贏家，我們也可以過著自給自足、安穩的小日子。

生活的本質，其實就是放下那些曾經追逐過的虛幻理想，不再執著於那些無法實現的東西，過好每一天，足矣。

把平凡的生活過好，就是不平凡

01

王鐸大學畢業後，沒有去大城市打拚，而是留在父母所在的鄉鎮工作，幾年後，用存下來的錢開了一家電腦專賣店。

又過了兩年，他和一位朋友介紹的女孩子結了婚，後來生了個調皮的兒子，生活簡單得就像一池平靜的湖水，很少有漣漪。

他平時要在店裡做生意，並且一一囑咐工程師把售出的電腦送到客戶家安裝好，下班後還要回家陪兒子玩，根本沒有屬於自己的休閒時間。

就這樣，一晃眼好幾年過去了。

那天，他送兒子去上學，碰到了大學時的同學，兩人找了家餐廳，聊聊各自的近況。王鐸看著同學神采飛揚地講述他在世界各地的種種見聞，突然覺得自己的生活是不是過得太平凡了？

他沒有任何值得向人炫耀的經歷，也沒有搬得上檯面的才藝，更沒有傲人的成就。畢業這些年，他一直在為生活打拚，上班、下班……從不曾停歇，唯一的願望就是能讓家人的生活過得再好一點。

他的父母是最普通的鄉下老人，他的愛人是很普通的鄉下女孩，他的孩子也是很普通的小孩，而他開的也是家普通的小店。難道自己真的甘心一輩子做個無名小卒，在普通的生活裡兢兢業業一輩子，直到老去嗎？

當腦海中出現這個想法時，王鐸自己也被嚇了一跳，但他的心確實有些動搖。

02

年輕時，我們都曾幻想過自己未來的生活應該會充滿驚險和刺激，就像那些傳奇人物一樣，一生跌宕起伏、波瀾壯闊。可是，隨著時間的流逝，我們漸漸發現，自己與理想的生活和自我越來越遠，特別是當有「參照物」出現的時候，我們會發現，和別人相比，自己的生活普通到極點。

不能否認，功利氛圍瀰漫在社會各個角落。然而，追求出色雖然值得我們讚揚，但能過好平凡的生活其實也是一門藝術，因為同樣得付出許多努力。

我們大多數人都不可能成為英雄，很多時候，能找到適合自己做的事情，努力制訂並實現自己的目標，做一個溫暖、善良、有夢想的人，踏實而勇敢地活著，已屬不易。「敬仰出色，拒絕平庸」並沒有錯，但是能夠把平凡的生活過好，其實也是不平凡。

就像中國歌手朴樹在〈平凡之路〉中唱的：「我曾經跨過山和大海，也穿過人山人海。我曾經擁有著一切，轉眼都飄散如煙。我曾經失落失望失掉所有方向，直到看見平凡才是唯一的答案。」

中國電視劇《平凡的世界》中，男主角孫少平說：「我是一個平凡的人，但是一個平凡的人，也可以過得不平凡。」

這個世界上並沒有絕對的偉大，也沒有絕對的平凡。

我們大部分人都註定只能是普通大眾中的一員，但是，能夠在平凡的生活中努力地活著，其實就是一種不平凡。

03

中國電影《無名之輩》裡，那一群在命運裡掙扎的小人物，像極了我們身邊的每一個人。他們不斷受苦難的折磨，但又不甘心於現狀，雖然普通，可是對艱困的生活仍有所追求，有人要尊嚴，有人求原諒。

電影中，馬先勇夢想能成為一名警察，但考了好幾次特考都沒有通過，在別人眼裡，他只不過是一個考了好幾次警察特考，卻連一次都沒有通過的平凡中年大叔。後來，他在一次酒駕中發生事故，妻子不幸喪生，妹妹也因車禍而全身癱瘓，女兒還因此與他決裂。

他為了追求所謂的身分與地位，忽略了身邊人的感受，與家人漸行漸遠。他始終不明白，女兒其實只需要一個能夠時常陪伴自己的平凡父親罷了。

後來他因另一場意外，身負重傷之時，女兒再度回到他身邊，這次，他終於選擇和平凡的自己和解。

我們皆為無名之輩，卻又時常不甘於無名，總想要利用行動來證明自己的存在感，但事與願違，當你越想掙脫平凡的枷鎖，就越容易陷入迷茫和無助當中。

我們都誤解了平凡的內涵，以為平凡就代表著平庸，所以才不肯妥協。

中國作家周國平曾說：「人世間的一切不平凡，最後都要回歸平凡，都要用平凡生活來衡量其價值。偉大、精采、成功都不算什麼，只有把平凡的生活真正過好，人生才是圓滿。」

再轟轟烈烈的生活，最終都要歸於平淡，因為平淡才是人生的常態，而那些能夠把平

淡的生活過得妙趣橫生的人，才是最不平凡的人。

01

中國音樂製作人高曉松對於「人到中年」最大的醒悟就是——接受平凡、享受平凡。他說：「原本覺得自己一定要過一個充滿冒險與刺激的生活。現在卻是從平凡的生活裡發現幸福，因為和老婆、孩子待在一起，就是平凡的幸福，而不是非得流浪去遠方。」

你羨慕別人能自由地過活，說不定別人也正羨慕你陪在父母、妻子身邊的安穩與坦然。

其實，那些漂泊太久的人們最終還是會感悟到，無論生命中有多少波瀾壯闊，我們最迷戀的，始終還是包裹在煙火人世中平凡、瑣碎的溫暖與感動。

能夠在平凡中懂得生命的真諦，接受自己的平凡，然後堅持自己所熱愛的，不用世俗的功名利祿綁架自己，以歡喜之心過生活，才更容易感受幸福的點滴。

這個世界浩瀚如星空，我們每個人都像是這天空中的星星，在自己的軌道上各司其職，閃耀著各自的光輝。

在平凡的日子裡，收穫的愛和感動、親情和希望，就是我們最不平凡的人生！

01 不將就生活，不辜負自我

阿輝大學畢業後選擇到上海打工。一開始，他和朋友一起租在離市中心較遠的區域，因為那裡房租比較便宜，生活成本也相對低。

可是幾個月後，他便想在離公司近的地方租個房，哪怕是最小的單人房，也不想再每天和別人擠捷運上下班。

朋友勸他說：「你公司附近的房租那麼貴，你薪水怎麼夠？還不如在現在的租屋處附近找個工作，雖然賺得少一點，但是開銷也少呀！」

阿輝只是笑笑地說：「我更想在白領聚集的地方工作，賺更多的錢。」

他每個月拿出一大半的薪水付房租，卻可以省兩三個小時的時間用來學習，精力也更加充沛。

朋友覺得，反正房子是租的，能省則省，當然是越便宜越好。可是阿輝不願意將就，他覺得雖然沒存多少錢，但是他還是想留在市區，然後努力工作，讓自己的生活品質更高一點。

後來，他聽說那位朋友跟別人說：「阿輝就這點不好，也不想想看自己幾兩重，心卻比天高，還拚命想擠進富人區，到最後說不定也是夢一場！」

他只能苦笑，繼續為目標奮鬥。因為他知道，如果今天將就了，以後就不敢再對生活有更多的奢求，隨之而來的可能是更多的妥協，最終標準只會越來越低。

02

生活中，我們經常會聽到這樣的話：「工作不好，沒關係，清閒就好；薪水不高，沒關係，省著點花就好；住得不好，沒關係，習慣就好……」

這種想法乍看似乎無所欲求，但其實是對自己的苛刻，認為自己不值得擁有更好的，只能妥協於現況。可是，有時候人生並不是你退一步就一定可以海闊天空的。

你一味降低自己的要求，到最後會發現：你很有可能得不到命運的厚愛，反而會被命運拋棄至角落，落滿塵埃。

人生，其實也是一場如同水流般的旅行，不過有的人是「窮遊」，有的人是「富遊」罷了。但如果你踮起腳尖就能搆到更多的東西，那麼為什麼不更努力一些，卻選擇將就呢？

這個世界雖然不夠公平，但也絕不會辜負任何一個人的努力。如果你在最該奮鬥的年紀選擇安逸，在最該有野心的時候選擇將就，那麼你往後的生活將會是一路妥協。而那些從一開始就不願意將就的人，總會想辦法得到自己想要的東西，過自己想要的人生。

別人怎麼說無所謂，那些羡慕、嫉妒、恨也總會在你一步步走向更好的時候，一點一點地消散。

自己的人生，自己做主，選擇你想要的，再去努力為之奮鬥，不將就生活，才能不辜負自我！

03

張韶涵曾經在中國節目《吐槽大會》上說過這樣一段話：「無論是事業還是家庭，我都經歷過很多風風雨雨。我不感激傷害過我的人，他們只是提醒了我——不要成為那樣的人。我寧願逆流而上，也不願隨波逐流，因為善良是一種選擇。」

她經歷過背叛與傷害，也忍受過許多挫折和坎坷，但在這之後，她仍舊願意選擇逆流而上、相信美好，追求自己想要的一切。

每個人的一生都不可能是一帆風順，誰不曾經歷喜怒哀樂，嘗遍酸甜苦辣？我們無法選擇即將面對的是什麼，但可以選擇該如何過自己的人生。

或許，有些事你努力了很久，仍然換不來你想要的結果；或許你對一個人付出了全部的真心，最後得到的卻是傷痕累累；或許你拚盡全力追求，最後也沒有成功擁有一個理想中的生活。

但是，你曾經歷過的那些失敗和坎坷，懊惱和委屈，多年後都將成為你笑著說出來、帶著光亮的往事。

那些往事歷練了你，也終將讓你成為更強大的自己。

被人嘲笑、被人謾罵，甚至被人欺騙，都沒什麼大不了。因為生活始終是自己的，比起和爛人、爛事糾纏，我更希望你能勇敢地走出來，去過真正值得努力的生活。

不將就生活，才能找到最真實的自我。

04

心理學上有個名詞，叫做「自我選擇效應」，指的是一個人一旦選擇了某條人生道路，就會產生朝這條路一直走下去的慣性，而這種心理慣性還會不斷地強化。它告訴我們，如果你選擇過一個差勁的人生，那麼你的生活註定會變得越來越糟，而如果你選擇朝著更積極、樂觀的方向前進，那麼你就會遇見更多的美好。

不只工作、生活是這樣，你人生中的每一次選擇也都是這樣。

我很喜歡這樣的一段話：「愛的時候不辜負人，睡的時候不辜負床，玩的時候不辜負風景，吃的時候不辜負美食，活的時候不辜負家人，享受的時候不辜負音樂，一個人的時候不辜負自己！」

每個人都有自己的路，旅途上的風景和荊棘也都只有自己心裡清楚，而我們唯一要做的就是不將就！找到屬於自己的花期，等待花苞綻放的那一刻，收穫彌足珍貴的驚喜！

人生是一段長長的旅程，過去的已然過去，未來誰也無法預測，唯有把握當下正在發生的事情，用心去感知，才能不辜負這一場經歷。

在當下，盡可能讓自己懷抱信念，朝向更積極、更溫暖的方向去走，那麼你就一定能與更多美好不期而遇。

米蘭．昆德拉在《被背叛的遺囑》中寫道：「生活，就是一種沉重的努力，努力使自己在自我之中，努力不至於迷失方向，努力在原位中堅定存在。」

無論什麼時候，認真做你自己，不將就生活，都是人生贏家！

01 在複雜的世界裡簡單活

王臨最近感到格外地煩躁，他在公司銷售部副經理的位置上坐了兩年，本以為這次銷售部總經理調去開發新市場，他就會轉正。但是，沒想到半路殺出個程咬金——總公司一位董事的兒子從國外留學回來，直接接替銷售部總經理的職位，而他仍舊是副總經理。

王臨的老婆總是嫌他的職位不夠高，賺的錢不夠多，經常在他耳邊絮叨：「○○的兒子進了知名高中，肯定花不少錢。」「小張的新包，怎麼看也都有八萬塊。」「我們公司的李麗買了輛新車，裡面的配置真好！」諸如此類的話。每當老婆這樣說時，他總是裝作沒聽見，胼手胝足一步一腳印地打拚，他能走到這一步其實已經花了很多心血。

他才四十歲出頭，頭上的白髮早已經多到數不清，不去染髮的話，別人還會以為他是個年事已高的老頭子。

父母歲數都大了，為了怕他們操心，自己的心事不能和他們講，甚至一年見面的次數都屈指可數，但他卻無能為力。

他原本打算轉正以後可以稍微鬆口氣，但計畫總趕不上變化，看看如今這局面，他又有得忙了。而且，到了他這個歲數，孩子的學費、房貸、老人的奉養費全都壓在身上，他根本就不敢輕易跳槽，甚至同事的各種生日會、結婚典禮、孩子滿月宴都不敢缺席，生怕有人在背後落井下石。

人到中年，各種複雜的人際關係、交際應酬讓人眼花撩亂，沒有哪一樣是不需要花錢的，真是讓人身心俱疲又無力抗拒。有時候，王臨真想從這種生活中抽身出來，一個人跑到深山裡，過幾天清靜的日子。

02

長大成人後的這些日子，每個人都走得相當不容易。沒有什麼東西是唾手可得的，我們需要花上千倍，甚至萬倍的力量才能勉強立足。

有人說，現在的社會關係太複雜了，黑與白、好與壞、對與錯，並非表面上看見的那麼簡單，很多事情在無形之中就被蒙上了一層紗。

年輕的時候，我們總以為世界沒那麼複雜，但是隨著年齡的增長，閱歷越來越豐富，經歷的事情也越來越多，就會發現這個世界最真實的一面、發現在這複雜的環境中，我們很難找到一種歸屬感。

所以我們更加拚命，得到很多，但同時也失去很多，我們不再年輕，也可能不再真誠，但這些其實都不是最初想要的。

所謂成熟，並不是由年齡來界定的。真正成熟的人，是在認識到世界的複雜後，依然可以坦然接受世界帶給我們的一切——不失純真，也從不與世沉浮。

生活在複雜的社會中，往往很難守住最初的自我。時代在變，人心也在變，我們會從一開始的純淨變為複雜。也許我們會認為，自己往後的生活會和別人的不一樣，但到了最後，絕大多數的人還是會過著平凡而簡單的生活。社會是複雜的，人心更加難以揣測，不是所有人都能夠「出淤泥而不染，濯清漣而不妖」，但至少，我們該留住內心最初的那份簡單。即使面臨的環境和人際關係越來越複雜，也不應該只是順應這種複雜，而是應該在這當中尋找適合自己的簡單。

世界縱然萬般複雜，但你可以選擇簡單面對。

03

中國時裝模特兒劉雯在近十年內一直穩居中國超模榜首，除了熱忱與執著，最讓人欣賞的就是她的謙遜與簡單。

劉雯社群網站上的自我介紹很簡單，就是「模特」二字，沒有任何修飾詞，但她卻是中國第一個真正的超模。她在秀場上專業投入，生活中靦腆可愛，絲毫沒有因名譽而不可一世、狂妄傲嬌，永遠都保持著低調的姿態，用實力與成績證明一切。

隨意打開一張劉雯的日常照片，基本上都是T恤加上長褲的搭配，雖然也不乏名牌的加持，但那種隨意感莫名讓人感覺很親切。明朗清爽、率真自然，劉雯總是保持著發自內心的微笑，沒有一絲刻意。

出道十餘年，她沒有因為高強度的工作而疲憊滄桑，也沒有因為身處燈紅酒綠就開始懈怠浮躁。她把辛苦與委屈照單全收，卻從來沒有怨天尤人或者隨波逐流。

劉雯曾在訪談中說：「我喜歡的，真的就是簡單、平淡。有一份自己滿意的工作，一份自己覺得還不錯的收入。」

也正是這種簡單與純粹，讓劉雯變得更加與眾不同。

04

曾經有位朋友告訴我：「真誠地做你自己，不需要刻意去掩飾，這個年代能夠長遠合作的人，更多是看重你的真誠，以及你對工作的初心。不要想得那麼複雜，成大事者，大道至簡。」

我們總以為，在這個複雜的世界能夠瀟灑活著的那些人，都是靠著左右逢源才能如魚得水。但事實上，能把事業做大、做長久的，其實都是簡單且真誠的人。

就好像著名中國作家劉心武說的：「在色彩斑斕的現代生活中，我們一定要記住一個真理，那就是『活得簡單，才能獲得心靈的自由』。」

我們就像一株株扎根於喧囂塵世叢林裡的樹，唯保有一顆清淨之心，才能簡單而從容地生長。

在這個越來越複雜的現代社會，應該學會「斷捨離」，該放下的就放下，讓自己回歸到最單純的初心。那麼，生活就會變得簡單而清澈，恬淡而寧靜，我們的生命就會煥發出不一樣的風采。

賺再多的錢也是為了更好的生活。家人和好友陪伴在身旁、工作穩定、人生充實，這何嘗不是一種幸福？

而一個能在複雜的世界裡簡單、真誠地活著的人，必定能夠篤定地站在那裡，掌握來自生命深處的能量，朝向自己嚮往的方向，堅定而行。

做你該做的，簡單且真誠，假以時日，生活一定會回饋於你。

生命只有一次，每個人都何其珍貴。所以，親愛的你，一定要活成自己想要的樣子。

在複雜的世界裡，愛你所愛，簡單而行！

Chapter

6

「自在」是排在「優秀」之前的首要選擇

01

不用很多錢，你也能活得高貴

肖楓剛過完二十六歲的生日。在租屋處裡，他一個人點了支蠟燭慶祝，沒有蛋糕，沒有禮物，也沒有收到任何祝福。

他想起高中畢業那年，他向同學們誇下海口，說自己即使考不上大學，也可以憑雙手創出一片天。

轉眼間，好幾年過去了，搬了好幾次家，一次不如一次，物價一直在漲，而薪水卻從未漲過。每次他在街上看到那些意氣風發的人，內心都會感嘆：「有錢就是好，不用像我一樣多年擠在生產線上，和各種零件『打交道』，還能四處旅遊、吃喝玩樂。」他覺得自己就是生活在最底層的螻蟻，連尊嚴都比別人低一等，所以很少參加同學會之類的活動，就怕被人瞧不起。

他也不敢去追喜歡的女孩子，總覺得自己的卑微配不上別人的美好，沒錢沒地位，連追求人家的資格都沒有。媽媽打電話來，要他回老家工作，說也到了該結婚的年紀，總在外漂泊也不是辦法，還不如早點回去。

可是他仍不願意就這樣離開，當初誇下的海口，一個都沒有實現，怎能就這樣一事無成地回去呢？萬一哪天他運氣好，就飛黃騰達了呢？有了錢，他也可以有尊嚴地活著，想做什麼就做什麼，不用再處處看人臉色行事。那才是他真正想要的生活，也不枉他在外面漂泊一場。

02

很多人可能都有這樣的錯覺：唯有穿名牌服裝、拎著名牌包、開好車，而且有可以任意花用的錢，才能夠算得上「活得高貴」。所以，很多人終其一生都在追求存款數字，卻忘了該如何享受生活。但其實，生活高不高貴，跟你有沒有錢並不是對等關係。有人月入近十萬元，卻把日子過得一團糟；也有的人月入一萬元，卻過得如詩如畫。在允許的範圍內，盡可能為自己提供優質的生活，不僅僅是對生命的熱愛，更是對自己的尊重和犒賞。

我有一個遠房親戚，過得很清貧，但卻很雅致。雖然他們家只有幾樣非常簡單的家具，但每天都一塵不染。家裡沒有太多的裝飾品，親戚就把從山上採來的野花放在瓶子裡，居然意外地清新脱俗。除此之外，他們還會用不要的布料做成各式各樣的布製品，讓家充滿藝術氣息。

不是所有的美好都必須富麗堂皇，有時候，淡雅樸素的東西也可以很美。心靈療癒大師洛伊．馬提納博士認為：**「每個人必須先服務自己，把自己照顧得越好，就能越有能量、越快樂，也就有更多的東西可以給別人。」**

所謂生活，很多時候是一種心境，你的內心越富有，生活就能越熠熠生輝。高貴與否，從來都不是用財富去衡量的，在於你是否擁有一顆熱愛生活的心。不將就、不湊合、不失體面，這才是高貴的生活觀。

03

網路上曾有個影片溫暖了無數網友的心。

中國浙江寧波市，有位拾荒老人走進警局，什麼話也沒說，就拿出一大袋錢並交給警察。老人一邊掏錢，一邊說：「我在報紙上看到一個『雪蓮花』助學計畫，所以我想捐點錢。」原來，他想捐錢給貧困學子。他還補充道：「錢是正規途徑來的，請放心交給需要幫助的孩子們。」

警察看他衣衫破爛的樣子，要他也留點錢給自己，同時也有民眾想幫助他，但都被他拒絕了，老人說：「我會自己解決吃和住的問題。」

事件被傳播到網上，引來大批網友讚嘆：「原來人品真的跟社會地位沒有關係，窮苦的人依然可以很高貴，且受人尊敬！」我們不是因為出身而尊貴，而是因為行為而尊貴。靈魂的高貴與否，都和金錢、身分地位無關，而是在於是否具備崇高的品格和行為。

有錢可以滿足物質需求，但不一定能擁有高貴的人生。因為支撐得起高貴的，永遠都是愛、善良以及對生活的期望。所以，別再抱怨你窮。很多時候，你缺的不是錢，而是少了享受生活的恆心和追求美好生活的決心。

就像經典美劇《六人行》中的臺詞：「**在華服、盛名、高位、厚祿之外，能夠享受心靈自由、品味人情之美，才是生活方式中真正的奢侈。**」

04

哲學家康得說：「世界上有兩個東西能震撼人們的心靈，一是我們頭頂上燦爛的星空，另一個是我們心中崇高的道德標準。」

決定一個人高貴與否，從來都不是他高於普通人的出身地位、光鮮亮麗的外表或存摺上那一長串的阿拉伯數字，而是取決於他無論貧賤富貴，依然有做人應有的尊嚴、誠信、道德和責任，以及對世界抱有愛和善意。

我的一個朋友李同家境清貧，工作後，他花的每一分錢都會精打細算，例如，每個月的薪水他都會分成好幾份：存款、房租、吃穿、聚會和其他開銷。

雖然吃不起高檔的大餐，但他至少能夠保證營養均衡；雖然身上穿的都是平價衣服，但至少他的衣著得體；沒有一趟豪華的旅遊，但他可以隨時來一場說走就走的窮遊……他的生活在精心經營下，過得有條不紊、多采多姿。

這個世界上，從來就沒有誰過得比較輕鬆。就算你生活在社會的底層、正面臨逆境、在普通而又困窘的命運中苦苦掙扎，或是覺得光明遲遲未來……但只要你仍是個善良、正直，願意在別人遭遇困難時，伸手拉一把的人，就值得受別人的尊敬。

那些灰暗、彷彿沒有任何光明的日子終會過去。只要心中有光，就會照亮前行的路。

所以親愛的，也許你的生命正在低谷。但是，靈魂可以在高處。

01

努力享受人生，勇敢甘於平淡

昨天晚上，江新建和幾個哥兒們一起吃了頓飯，慶祝他三十二歲的生日。

「哥，怎麼轉眼間你就三十二了呀？還記得那年我們一起在荒郊野外拚命攔車的場景……結果十年就這麼過去了！」

江新建鬆了鬆領帶，仍覺得勒得很緊，索性把它取下來，扔在一旁。「是呀，當年我們幾個天天爬山、睡帳篷，在山頂大吼著『我們要有不一樣的青春！』誰也沒想到，十年後我們會和別人一樣過著如此平淡的生活！」江新建端起眼前的啤酒，仰頭喝了一大口。

「自從結婚生子以後，我們都收斂起原有的個性，開始按部就班地生活，每天得為了『五斗米』折腰，再也不敢狂妄地說走就走，可能這就是生活……」

「來，為我們的友誼，為我的三十二歲……乾杯！」幾個杯子碰撞在一起……

「哥，其實也沒什麼好遺憾的，最起碼我們都是努力享受過青春的人呀！誰的人生還不都是要趨於平淡？」

「對啊，不是有人說『看清生活的真相，卻依然熱愛它。』這不就是人生嘛？」

「我們都曾經想證明自己和別人不一樣，但最終卻還是認清了現實，承認自己不過也是個普通人，其實也算是一種收穫吧？」

「叮咚」，江新建的手機收到一則訊息：「老公，少喝點，我和女兒在家等你回來吃蛋糕呢！」

江新建臉上閃過一絲幸福的笑容。「來，為敢於接受平淡的我們，乾杯！」

02

曾經，我們在青春裡都是那麼的驕傲自矜、不可一世，拚了命想活出不平凡的人生、不甘平淡。

我們曾給自己設想的未來，一個比一個更精采。每當有人問起將來，我們總是意氣風發地指點江山，好似世界雖大，唯我獨尊。

可是，誰都不曾想過，過不了幾年，二十多歲，或者三十歲，我們就會和某個人結婚生子，然後一輩子在柴米油鹽醬醋茶中，庸庸碌碌地度過。

我們每天會為了怎樣才能多賺點錢而絞盡腦汁，每晚為了孩子的奶粉錢和房貸而輾轉反側。

也曾想過有時間的話，一定要出去走走，可是生活依舊機械式地過，常常是一邊摟著愛人，重複不知說了多少遍的情話，一邊像鬧鐘一樣，定期問候父母。也許，幾年後，我們有了點錢，可是仍不曾和愛人來一趟長途旅行，依然沒有捨得買下那輛早已在心中試駕好幾遍的車。

這就是生活呀！我們努力生存，才能讓自己不被淘汰。其實，在努力的過程中，早已學會接納「不是第一名」的自己，習慣在平淡中覓得歡喜，這些也算是為人生添了精采的一筆。

甘於平淡，不代表就是自暴自棄，依然可以選擇在平淡的生活裡，享受屬於自己的那份怡然、驚喜和感動。

03

三毛曾經收到一個女孩的來信，她在信中訴苦：「我，二十九歲、單身，相貌平平，工作能力有限，閒來除了看書，沒有其他特別的愛好，異性似乎也對我不感興趣。我很自卑，不知道活著還有什麼快樂。」

三毛在信中這樣回覆女孩：「生命的目的和意義是『尋找眞正的自由』，然後享受生命，沒有誰的生命更爲精采。同樣平凡的情況下，我多了對自我的期許，以及不輕視自己。一個人容貌不差，且有正當的職業，懂得在下班之餘探索生命，就是很美的事情。如果能發現一些有趣的事情，比如布置房間、增添擺設，何嘗不是平凡生活裡的小確幸？」

其實我們每個人都一樣，沒有誰比誰偉大，那些能夠在平淡生活中發現精采的人，不過是比我們多了顆善於聆聽自己的心。

平淡有平淡的活法，智者之所以能成為智者，是因為在看清生活的真相之後，依然熱愛這個世界；也能夠在有限的生命裡，努力享受人生，而後勇敢接受屬於自己的平淡。

芸芸眾生，生而不同。有人一出生便在羅馬，有人走了一輩子也到不了羅馬。但是，這些都阻礙不了我們認真度過生命中的每一天，不管什麼時候，那些努力的靈魂，都值得被尊重。

04

我們總是羨慕別人，覺得他人的生活永遠比自己的美好。但實際上，這個世界從不缺乏美和感動，而是缺少一顆慢下來的心。當你慢下來，會發現周圍一切都是未曾察覺的新鮮。

孩子牙牙學語的聲音很動聽，路邊不知名的鮮花很清香，甚至家人做的家常菜也別有一番滋味……

有個獨自去異鄉定居的女孩在社群網站上這樣寫：「獨自工作，沒有複雜的人際關係，不用頻繁地跟人打交道，有很多時間看自己喜歡的書。每天都能看見純淨的天空和雲，山高天碧，內心很安詳。」那些看似平淡無奇的日子裡，其實透露著滿滿的愜意與享受。因為她敢於聽從內心的召喚，不在意別人的眼光，追求平淡和自己想要的人生，所以才能享受心靈的安寧。

有誰規定不是企業高階主管、不是創業達人，就不算活得精采？**你的人生什麼才是精采，唯有自己說的算！**

就像中國男演員陳道明說：「**世界上沒有這麼多的主角，大部分人一輩子可能都要甘於寂寞、甘於平凡。**」勇敢甘於平淡，風起雲湧不為所動；勇敢甘於平淡，千帆過盡我自坦然。這是一種生活態度，更是對自己最大的仁慈，也是我們每個人都應該謹記的人生箴言。

願你在平淡的生活中找到真正的自我，幸福地享受人生！

01 你要知道，幸福感這東西千金不換

章輝最近一直在考慮一件事，那就是要不要出國打工度假。

這幾年，隨著仲介的介入，村子裡出國打工度假的人越來越多——去先進國家打工幾年，回來買棟房子，再買輛車，人生似乎也因此變得完美。

章輝的兒時玩伴去澳洲打工三年，憑著勤奮與踏實，簽證到期後，帶著一筆錢回來，先是蓋了棟房子，然後又開了家汽車美容店，沒幾年工夫，就擠進有錢人的行列裡。

章輝的媽媽勸過他，叫他也出去幾年，多賺點錢回來，日子也會好過些，因為往後孩子上學、報名才藝班、老人養老等，都需要花錢，可是他始終猶豫著。他和老婆才結婚三年，兒子也剛滿一歲，生活雖然不那麼富裕，但是夫妻倆十分恩愛，老婆從來也沒說過他什麼不好，也沒有把他和別人比較過，日子過得也滿幸福的。

如果他選擇出國，幾年內一定都見不到老婆和孩子，家裡的大小事都得交由父母

照看著，這也是他最放心不下的。

章輝的兒時玩伴也曾跟他說，他在外面的這幾年，想家想到發瘋，只想趕快回來，而且決心再也不去打工度假了。他說，雖然打工度假賺得錢比較多，但是那種孤獨感太可怕，如果不是把老婆和孩子的照片一直帶在身邊，他真不知道該怎麼撐下去。「你們家雖然沒多少錢，但是一家人和樂融融的，也是一種幸福。這東西，可不是用錢能買到的。」章輝覺得他說的很有道理，但是心裡還是有點不甘心，因為他也想過更好的生活。

02

每個人都有自己的人生，你得選擇適合自己的那條路。如果你始終左右徘徊、瞻前顧後，那一定很難走好。

世上有很多人都被限制在自己的經驗世界裡，但這種經驗對他人而言不一定有效，因為人與人之間還是有很大差別的。父母可能希望你像別人一樣賺很多錢，但他們指給你的路並不一定正確。你要選擇的路，永遠都是自己走出來的，而不是靠別人指出來。

每個人對幸福的期望不一樣，所以選擇也不一樣，有年薪百萬的白領辭職去當烘焙師，也有月薪近十萬的工程師辭職去鄉下開民宿……

幸福感這東西，真的和金錢沒有多大關係，它源自每個人對幸福的標準。有時候很簡單的生活你也會感到幸福；而有時候，有再多的錢你也不會覺得快樂。

日本作家渡邊淳一曾說：「能正常小便就是幸福，聽到別人一句『謝謝』就是幸福。」當你饑餓難耐時，一碗粥便是人間美味；當你渴到覺得喉嚨很乾時，一杯白開水都會是瓊漿玉液。

那麼多的富豪想要歸隱山野，尋找內心的平靜。他們吃過山珍海味，卻嚮往農家小菜；穿過錦衣貂皮，卻覺得樸素才是珍貴。幸福感這東西，真的是千金不換。

03

我有個朋友，他在瑞典有棟大房子，替他家粉刷牆壁的師傅五十幾歲了，這輩子都在幫人家粉刷牆面。

北歐的工人薪水普遍不低，但這個粉刷師傅很特別，他只在夏季工作，其餘三個季節就去旅遊，二十多年來一直是如此。

按我們正常人的思維會想：他為什麼沒有選擇天天工作，以賺更多的錢呢？粉刷牆壁做得好的話，可以自己開一間裝修公司，然後公司業務經營得不錯的話，還可以在各地開分公司，北方粉刷完刷南方，刷完歐洲刷美洲，最後刷遍全世界……

但是在他的認知裡，擁有美滿的家庭，閒暇時能到處旅遊，更能體現幸福感！是的，很多北歐人都像他一樣。他們並不熱中買大房子、大電視，也不會一年四季都在工作。他們喜歡慢節奏的生活，以追求高品質、高層次的心靈愉悅。

其實，對於我們來說，賺更多的錢，買更大的房子，不外乎是為了給家人更好的生活。你背井離鄉、忍受孤獨，不能和家人一起生活的這幾年裡，他們的喜怒哀樂你感受不到、孩子的成長軌跡你看不到，值得嗎？

如果不去比較，別人開名車、用名牌、賺大錢，跟我們有什麼關係呢？

只要自己活得開心，可以和家人在一起，酸甜苦辣一起嘗，困難挫折一起扛，又有誰能說我們過得不夠幸福呢？

04

《小王子》裡，狐狸對小王子說：「你下午四點鐘來，那麼從三點鐘起，我就會開始感到幸福。時間越臨近，我就越感到幸福。」**真正的幸福並不是你擁有了什麼，而是你感受到了什麼**。

當你真正學會活在當下，享受此刻的滿足，你就會明白：**幸福常常是一些被我們忽略掉的，微小而瑣碎的生活片段**。它可以是在一個溫暖的午後，和父母一起坐下來，喝喝茶、談談心，在生活的喧囂之餘，體會更多的人生樂事；也可以是放下手機，和孩子一起玩個小遊戲，像是共同拼完一幅拼圖，參與孩子的世界，看他臉上揚起的天真笑容；還可以和朋友一起吃頓樸實的飯，喝一次最純粹的酒，聊一聊彼此最真實的想法……當你慢下來，就會發現幸福其實沒有那麼難，只要用心感受，處處都是溫情。

與其生活在被焦慮吞沒的情緒裡，皺著眉頭思索今天的工作、明天的房子、過去的負擔、未來的憂慮……倒不如將所有壓力拋諸腦後，暫時忘記當下，回到最自然的狀態，享受久違的幸福。

活在當下、享受此刻，心安理得地做自己，這並不是逃避，而是更用心地去過屬於自己的生活，並用實際行動告訴別人：幸福感這東西，真的是千金不換！

01 高級的生活，是能專注在無關緊要的小事

高斌今年二十六歲，身高一百七十八公分，人很機靈，逢人都能說上幾句話，以他的條件，在職場上應該很「吃得開」，但他到現在並沒有取得什麼樣的成就。

高中畢業那年，他的爸爸承包了一個魚塭，想要他跟著一起養魚、賣魚。但高斌覺得養魚這件事很沒出息，要做，就得做出點大事，不能和他爸一樣。於是，他吵著爸爸幫忙貸款，在鎮上一個社區門口開了家超市。那個社區方圓幾公里都沒什麼大型超市，所以他的生意還算不錯。

但是，做了一年後，高斌覺得靠這種小生意發財還是太難，這跟他想做的大事業還是有點差距。於是，他不顧父親的勸阻，把超市轉賣掉，拿著錢到城市裡開了家酒吧。

結果，因為人生地不熟，再加上他不懂酒的種類和酒吧經營的訣竅，客人寥寥無幾，很快就入不敷出，最後只能關門歇業。他爸勸他先去學習一些關於管理或調

酒技術，也可以先找個現成的酒吧，學習別人的經營模式，累積一些經驗再說。但是，高斌卻不以為然，他認為做這些事情成不了大器，想要致富就必須得有大手筆。這次，他想盡辦法籌錢，投資了一家保險公司，但最終因為經驗不足，血本無歸，甚至還因此捲進一宗經濟糾紛中。

雖然他開口閉口就是談公司、講發展，聽起來非常厲害，但實際上一直都是一事無成。

這些年，他熱中做的大事都成了一場空，而小事卻一件都沒做好。

02

古人云：「小事不做，大事難成。」

一個人如果想成就大事，就要從小事做起。有時候，越不起眼的小事，越能昇華自我內在。

有人說自己的理想是當作家，但是連生活中微小的事情都不屑寫。反之，中國現代小說家老舍也曾寫過一隻貓、一隻母雞，還成了中國學校教材中的經典篇目，而他也成了文壇名家。

其實，通往成功的路並不擁擠。很多人之所以無法成功，是因為一直處於迷茫中或始終心存幻想。他們迷茫的是大事做不了，而小事從來不肯做，幻想自己天生就是塊成就大事的料，進而不屑做小事。殊不知，連小事都做不好的人，大事也不會輪到你來做。

我曾經看過這樣一句話：**「一隻蝸牛雖然爬得很慢，但背後卻是一條綻放光芒的路。」**生活中那些沒沒無聞、做著小事的人，終有一天也會變得強大。因為成功從來都不是一步登天，而是聚沙成塔。

03

在快節奏的時代，許多人都急欲成功，有些人既想做這件事，又想做那件事，還有的人今天做這件事，明天又跑去做那件事。他們不是不夠聰明，只是不能專注於某一件事情上，所以結果可想而知，往往都不會達到理想的高度。

日本東京有一家只賣羊羹和最中餅這兩種點心的小店，其店名叫「小笹」。這家店小而樸素，只有十坪大，年營收卻高達三億日元。他們沒有做任何廣告宣傳，每天限量一百五十個，每人限購五個。即使這樣，每天還是門庭若市，很多人在早上

四、五點左右就會過來排隊購買。

羊羹的製作很簡單，無非是用紅豆與麵粉或者葛粉混合後拿去蒸籠蒸，冷卻成型即可。但就是這樣看似簡單的小點心，若要同時做到具有精緻的外觀和不錯的口感，卻需要花時間和耐心去精心打磨。這家小店的老闆叫稻垣篤子，他的父親是一個很嚴苛的人，所以，稻垣在製作羊羹的最初十年裡，遲遲未得到父親的認可。

直到他第一次看到羊羹透出紫色光芒時，父親才終於點頭表示讚許。而為了讓這道紫色光芒持續閃耀下去，他又用了十年的時間對紅豆的產量和質地、木炭的狀態，甚至氣溫和濕度都進行了反覆的摸索、調和，才達到如今的完美狀態。也可以說，他是用一生的時間做羊羹。

稻垣篤子說：「製作羊羹時，就是我一個人的世界，那是誰都不能打擾的。在這段時間裡，我的心裡、眼中只有羊羹。正是這段心無雜念的時間，讓我做出來的羊羹臻於完美。」

正是因為他專注於一件小事的精神，才讓他取得了今天這樣的成績。而現在很多人的通病是：想得太多而做得太少，想要的太多而能專注的太少。

04

賈伯斯曾在一次採訪裡說：「專注和簡單一直是我的祕訣之一。」想得太複雜心就會散亂，便會很難保持專注，唯有簡單才能做到專注，而後才能達到極致。

人生中有很多看起來無關緊要的小事：有的人每天早睡早起，而有的人則習慣熬夜；有的人喜歡自己做飯，保持飲食健康，而有人則常年吃外食，對重口味情有獨鍾；有的人擁有閱讀的習慣，每天都要看書，而有的人在閒暇時間都用來追電視劇、玩遊戲……

那些看似微不足道的小事，實際上會在日積月累的時間中，帶來巨大的影響。人生中所有叫人記憶深刻的美好，都是由看似無關緊要的小事組成。我對此深有同感。

拉開人與人之間差距的，往往都是那些不被人看重的小事。那些小事，無論是好還是壞，累積到一定程度，都足以影響一生。

Chapter 7 你只是為自己而活，又沒剝奪別人生活的權利

01 學會拒絕不想要的，是對人對己最大的尊重

每個人行走在這繁華世間，都有自己想走的路。

李林高職畢業後，懷揣著對未來的美好夢想，決定到城市裡打拚。三年裡，他換了好幾份工作，最後終於接觸到健身行業，並對這個行業一見鍾情。

在健身這行做了六年，他承接了一家健身房，從一個小小的健身助教變成了健身房的老闆，管理一個十人團隊。

眼看著就快奔三了，可是李林到現在還沒結婚。於是，他的婚事成了父母每次在電話裡例行的關注焦點。每次聽到他們說哪個親戚的孩子年紀比他小，都已經結婚生兩胎了，他都有掛電話的衝動，但一想到這樣做會讓父母不高興，只好一直忍著，聽他們嘮叨完。

去年小年夜，李林坐了四個多小時的高鐵，又坐了三個多小時的計程車，一路風塵僕僕地從異鄉趕回家和父母吃團圓飯。

他回到家，才剛放下行李，馬上就有一個鄰居來調侃他，說他現在不是在健身房做老闆嗎？怎麼連個女朋友也沒帶回來一個？聽到鄰居的話，李林心裡很不舒服，他有點尷尬地說過兩年再帶女朋友回家，然後就走開了，懶得再面對這個愛管閒事的鄰居。

晚上，一家人坐在一起吃團圓飯時，母親又和李林談起他的終身大事，叫他不要那麼挑了，早點找個女孩結婚，讓他們早點抱孫子。

「知道，知道。」面對父母的催婚，李林每次只能這樣應對。

其實，他並不著急結婚。在他工作的大都市裡，許多三十多歲還沒結婚的男人比比皆是，他並不是唯一一個。

02

對李林來說，自己才剛創業，要學習和操心的東西太多，哪有精力談戀愛和想結婚的事。而且，他承接的健身房欠了一筆不小的債，每天睜眼就得面對房租、水電費、員工薪資等種種壓力，外人看他很風光，實際上他每一分錢都用在刀口上，從不敢浪費。

談戀愛和結婚，對現階段的他來說，無疑是給自己增加負累。

他不想活得這麼累，但又不想讓父母知道他現在的難處，所以，每次談起婚事，只好先敷衍他們。不過，鄰居和父母他還可以敷衍，但有些親戚卻不好應付。

大年初一時，小舅來家裡拜年。小舅一來就開始和李林聊天，先詢問他的工作，然後又把話題扯到婚事上。小舅說父母年紀大了，做子女的不要太自私，只想著自己在外面一個人自由自在的，要多為父母想想，早點結婚讓他們安心。

接著，小舅說他一個老友的女兒比李林小四歲，在一家公司做行政人員，目前也沒有對象，前幾天也返鄉了，叫李林明天去他家，和對方見個面。

小舅拚命誇那個女孩，說她是他看著長大的，長得很秀氣，就是個子矮了一點，但為人很踏實，對父母很孝順。他還給那個女孩的父親看了李林在社群網站上的自拍照，她的父親對李林很滿意。

李林母親聽到，高興得合不攏嘴，說女孩子個子矮一點沒關係，個性好就好，叫他明天早點起床去小舅家。

李林很想拒絕，但又不好意思當面拒絕，因為會讓小舅沒面子、母親難堪，所以只好低聲地「嗯」了一聲，算是答應了。

但第二天一早，他連早飯都沒吃，就跟父母說今年要幫員工換宿舍，他得早點回工作的地方，接著便拖著行李箱，不顧母親的責怪，有點狼狽地逃了回去。

03

人生路上總會遇到一些被人勉強的事，明明內心有個聲音告訴自己要說「不」，但往往話到嘴邊，卻又不知道該如何拒絕，最後只能答應別人，為難自己。

中國女作家畢淑敏說：「拒絕如同生存一樣，是一種權利。」大多數的時候，你難以拒絕別人，表面上看起來是怕別人不高興，其實是因為無法接受一個不被別人喜歡的自己。

不擅長說「不」的人往往特別在意別人對自己的看法，也很容易被別人的情緒和行為左右，這就等於把自己的喜怒哀樂，甚至是人生，都交由別人來控制。

沒有人能對你的人生負責，父母親也不例外。所以，你不需要透過不拒絕的方式，向任何人證明什麼，最終活成違心的樣子。

每個人活在世上，都應該先為自己負責。先尊重自己、取悅自己，而不是優先為別人負責、取悅別人，這才是健康的心理界線。不懂得拒絕別人的人，大多時候都在自尋煩惱，為自己帶來一些不必要的麻煩。

在生活中，有些人明明經濟狀況很窘迫，但親戚朋友向他借錢時，又不好意思拒絕，最後只能假裝大方地把錢借給對方，讓生活陷入窘境。

在職場上，有些人每天的工作量都很大，可是一旦有同事叫他幫忙，他明明不願意，還是會無奈地做個濫好人，放下自己手邊的工作幫別人。

遇到類似這些讓你為難的事，最好的方法就是：第一次就溫和而堅定地表示拒絕。因為你答應別人一次，很有可能會讓別人形成依賴心理，以後還會有第二次、第三次……所以，一開始就將麻煩扼殺在萌芽狀態，才是善待自己的做法。

04

太宰治在半自傳體小說《人間失格》裡寫道：「**我的不幸，在於我缺乏拒絕的能力，我害怕一旦拒絕別人，便會在彼此心裡留下永遠無法癒合的裂痕。**」

我們都有父母、親人和朋友，有自己愛護和在意的人，孝順和善良不能丟，情誼和道義也不能捨，但我們並不是任何人的附屬品，孝順和善良並不代表我們必須事事順從。

沒有誰真正願意在關乎自己利益和幸福的事情上，僅僅為了取悅他人而勉強自己。明智的拒絕可以讓別人了解你的原則與底線，也可以讓人際關係變得更健康，不會讓你成為一個「濫好人」。堅定地學會拒絕，也會讓你未來的選擇顯得更珍貴、更有分量。

就像李林，如果他最終妥協去跟那個女孩相親，不管他對那個女孩有沒有好感，都有極大可能會面臨著被雙方父母催著趕快辦婚事的處境。這樣的結果並不是他想要的，也不是現階段的他有能力去承受的。所以，學會拒絕不想要的，才是為人生負責的表現。讓對方看到你真實的態度，才是對人對己最大的尊重。

每個人活在世上都有自己的不容易，當你懂得拒絕不想要的，說明你已經開始成熟，學會如何接納自己、保護自己。

人生幾十載，說長不長，說短不短，但每一分、每一秒都很珍貴。你的每一個選擇，在當下看起來或許並不驚天動地，但未來每一天的生活幸福與否，卻往往是由這些看起來微小的選擇所構成的。**所以，真的不必勉強自己選擇不想要的。人生這條路，需要按自己的意願和節奏來走，才能走得無悔、走得從容。**

只有過想要的生活，真正幸福了，那些愛你的人，才能真正安心。

01

內心強大的人，對世界沒有偏見

成年人最容易做到的事是隨波逐流和怨天尤人，最難做到的事是堅持自我和寵辱不驚。

陳雄出生在一個農村家庭，父母都沒有接受過教育的薰陶，他們從小對陳雄的期望便是希望他長大後能當一名老師，因為在他們的觀念裡，老師是最有文化的人，也是最高尚的職業。

考大學時，一直是乖孩子的陳雄聽從家人的建議，報考師範大學，準備畢業後當一名數學老師。但進入大學後，他慢慢發現，自己對老師這個職業真的沒什麼興趣。不過，他還是認真地繼續讀下去，直到順利拿到畢業證書。

畢業後，陳雄做了一個震驚眾人，但其實在他心裡醞釀很久的決定——他沒有去哪所學校當老師，而是去一家中餐廳當學徒，收他為徒的師傅是他同學的表哥。同學的表哥學歷不高，見一個大學生拜自己為師，很是受寵若驚。師傅教得很認真，陳雄學得也很刻苦。

只是，陳雄在外面學做廚師，他的父母卻天天在家裡唉聲嘆氣，愁眉不展。鄰居和親戚們每次問他們，陳雄大學畢業後做什麼工作時，他們從來沒有勇氣老實告訴別人——自己的兒子在做廚師。

陳雄大學時的女友更是對他萬分不滿，抱怨他太自私了，做什麼事只想著自己開心就好，完全不顧她的感受。女友甚至還撂下狠話——家人絕對不同意她以後嫁給一個滿身是油煙味的廚師，叫陳雄自己看著辦。

陳雄請女友給他一段時間，他會做出成績的，但女友卻表示，她不願意等一個廚師。兩人冷戰了一段時間後，最終還是分手了。

02

一個很清楚未來想過什麼樣的生活，並且會為目標付諸行動的男人，自然不會讓人失望。

僅用七個月，陳雄便成了一個能獨立掌勺的師傅。

之後的五年時光裡，他跟著同行的朋友到十幾個城市工作，熟悉了各大菜系，也對各種餐廳管理與經營有比較深入的了解。

期間，他還完成了兩件人生大事：和一位女同事結了婚，生了孩子。

二十八歲這年，陳雄成了一家星級飯店的行政主廚，掌管四十多人的團隊，將飯店的餐廳生意經營得有聲有色，並成為飯店總經理的得力助手。

三十歲時，陳雄開了一家屬於自己的餐廳，規模很大，共有三層樓，餐廳的生意自開幕第一天開始就一直很好。

但才開幕兩年，便發生了一起食安事件——廚房的例湯有問題，導致十幾個客人腹瀉。從那天開始，他的餐廳生意就一直下滑，長期處於虧損狀態，最終不得不以關門收場。

已過而立之年，經歷了創業失敗和經濟危機的陳雄，又做出一個讓許多人驚訝到下巴要掉下來的決定——他到一間私立學校當一名數學老師，決定過個兩三年，再重新開一家餐廳。

當老師的歲月裡，他每天在學校教別人的孩子，回家再教自己的孩子。日子雖然過得平淡，但卻時常能感受到生活中的小確幸——別人只關心他飛得高不高，他的妻子卻懂得關心他飛得累不累。

這對陳雄來說，比事業的成功更可貴。

03

人的一生，能夠一帆風順的極少，起起落落，就是人生的常態。能坦然面對的人，在生活中並不多見，陳雄算得上是其中之一。十年間，他所面對的壓力其實一直都很大。但是，他始終保持著內心的強大，寵辱不驚、淡然處之，從未對這個世界抱有任何偏見，也從不後悔自己的每一個決定。

人生重要的不是目前所站的位置，而是面對的方向。**無論那個位置多不起眼，只要是你喜歡的，你的人生也會是值得的**。而一個內心強大的人，無論處境有多糟糕，他都不會覺得自己低人一等，更不會覺得命運不公或是老天爺在玩弄他。

他可以把心境快速調節到一個平和、自信、快樂的狀態。因為他知道，人生最糟糕的不是遇到了糟糕的人或事，而是自己沒有面對挫折的勇氣和從零開始的心態。

經歷過挫折失意的人往往更清楚知道什麼是適合自己的，更能感受到平常不曾留意的小確幸、更懂得好好珍惜當下的每一刻。

很多人一生都在追求所謂的成功，把成功定義為人生的終極目標。**但成功哪有什麼確切的定義？人生的終極目標也並沒有什麼意義，真正的意義，是此刻你正幸福地走在人生路上。**

04

很多在物質方面是一個富有的人，但在精神上可能是個窮人；而物質上的窮人，在精神上卻很有可能是個貴族。

幸福，其實只是一種感受、一種心態，無關其他。

你是不是不允許自己做錯事？你是不是不允許自己不完美？你是不是嫌棄過自己的原生家庭？你是不是太在乎別人對你的評價？你是不是覺得不如意總是如影隨形？你是不是覺得這個世界對你不公平？

如果你這樣對待自己，證明你已經丟掉了幸福。

每個人都在追求幸福，可是往往阻礙你追求幸福的最大敵人，就是你自己。當你不再彷徨、不再排斥自己，可以完全接納好與壞並存的自我時，你的精神才是富足的——精神上的富足足以彌補物質上的匱乏。

一個精神富足的人在身處逆境時，不會怨天尤人、不會在乎別人對他的評價，甚至也不在乎自己對自己的評價。因為他的內心是強大的，不會一聽到不同的聲音就焦慮不安，立即改變自己的想法，而是能夠始終理智地看待幸福與生命的意義。

一個內心強大的人，對世間萬物充滿深深的敬畏感，他認為眾生平等，可以允許別人不完美，也能允許自己不完美，對這個世界沒有任何偏見。他還相信，世界為他關上一道門，一定會為他打開一扇窗。如果這扇窗還沒有開，那一定存在還沒打開的意義。**幸福，自然會向你靠近**。

01 低品質的關係不如高品質的獨處

人都是怕寂寞的動物，都有社交需求。

小志在一家公司當企畫，他最近對社交這件事感到特別迷惘。

公司裡的同事無論男女，愛八卦、愛湊熱鬧的人不少。小志其實是一個個性偏內斂的人，但還算是個職場新人的他，總是擔心別人說他不合群、沒有團隊觀念，從而影響日後的升職加薪，所以，每次同事們聚在一起閒聊的時候，哪怕他沒興趣參與，也會強迫自己加入他們。

同事們經常相約聚餐或到ＫＴＶ唱歌，只要叫他一聲，他總會裝作很興奮地說：

「我也去，算我一個！」

每次聚會結束後，小志都不曾感到充實，也沒有任何收穫感，反而覺得更加空虛和焦慮。

小志說這種情景在他的工作和生活中，已經成了常態。但很明顯，他並沒有適應它，反而感到越來越疲憊；他的工作也沒有因為他如此積極努力地融入同事們，而變得順利。

上司和同事們該給他批評或臉色的時候，照樣會批評他，從沒有因為他們私底下是一起吃飯、喝酒、唱歌的朋友，而對他有任何寬待。

在生活中，為了能合群，為了擴展自己的人脈圈，很多人都像小志一樣。他們會按照別人的邏輯思維來說話和行事，哪怕自己根本不認同，寧願把自己的事情往後挪，也要優先選擇參與集體活動。

但是，很多人也會慢慢發現，一個不能把事做好的人，就算再會做人，所謂的「高情商」也不過是一場騙局。

02

我曾在一篇文章中看過一個故事：為了提高銷售業績，有個銷售員經常陪客戶應酬。某天，在一個飯局上，他遇到了所屬行業的一個大老闆，於是主動過去跟他打招呼並向他敬酒。

那位大老闆打量了銷售員一番，很不屑地問他：「你是誰？我們認識嗎？」

在那一瞬間，空氣似乎都凝結了。銷售員尷尬地把酒一飲而盡，為自己找了一個臺階下：「哎呀，一看您就是貴人事多，把我都給忘了。」說完，便趕緊回到自己的座位上。

相信很多成年人都能體會這個銷售員當時的尷尬。然而，內心有多尷尬，就有多心酸。生活不易，每一行都有每一行的艱辛。每個人都想出人頭地、想結識職場裡的佼佼者，和他們建立一些交情。

但是，真正的交情並不是一包菸、一瓶酒、一個笑臉，還有一堆拍馬屁的話就能建立起來的。

中國作家李小墨在《請停止無效社交》這本書中寫道：「你忙於交際、頻於應付，雞同鴨講的尷尬無處不在。你爲了別人的歡笑而奔波，又爲了別人的肯定而犧牲自我，你的人生彷彿都不是自己的。其實，你根本不是在社交，而是無謂地蹉跎光陰。」

物以類聚，人以群分。我們要知道，那些沒辦法擠進去的社交場合，就沒必要蹉跎光陰，賠笑臉地硬擠進去。

與其把自己的生命搞得擁擠不堪，倒不如空出時間和真正交心的朋友喝杯茶、一起談天說地，或是找個安靜的角落獨處，讓疲憊的身心得到片刻的休憩。

03

人在一生中會認識大約兩萬七千人，可是，這其中除了至親的家人之外，有多少人能讓你無條件地信任，毫無保留地說出心裡話呢？

中國科技公司華為曾拍過一個社會實驗影片，片名叫《你手機裡的常用連絡人有幾個》，這部影片讓人看了之後內心觸動很大。

影片的內容其實很簡單，選了幾位普通的男性，徵得他們的同意後，拍攝前備份了他們的手機通訊錄，然後請他們不要看手機，先猜測一下自己的通訊錄裡大概有多少人。

「一兩百吧？」「兩百多人吧？」「將近三百。」「五百到六百人之間吧？」「很多人吧？」

這是他們的答案。

在他們都猜測完之後，拍攝者在投影機裡公開了他們每一個人的通訊錄。實際上，他們的通訊錄裡都有一千多個連絡人。

接著，拍攝者請他們刪除那些自己不會主動聯繫的人。

他們刪完後，一千多人只剩下了二、三十個人。再接著，拍攝者請他們在剩下的人裡繼續刪除，只保留能說真心話、能保守祕密、不會勾心鬥角的人。

結果，一個通訊錄裡原本有一千一百二十六人，最後只剩下兩人；一個通訊錄裡原本有一千零四十九人，最後只剩下三人；一個通訊錄裡原本有一千一百三十五人，最後也只剩下三人。

實驗完成後，其中一個受訪者自嘲地說：「我活得真的好失敗，原來知心的朋友這麼少。」

其實想一想，這不就是我們每一個人生活的真實寫照嗎？很多時候，你看起來有很多朋友，但其實真正值得交心的朋友，只有那麼一兩個。

真正讓你覺得累的，並不是生活和工作本身，而是那些無用的社交和低品質的關係——它們耗費了你過多的時間、精力、金錢，還有情感。

04

現實中不少人總有這樣的認知：多個朋友多一條路，朋友多了路好走，人脈就是「錢脈」。

但是有不少人也會慢慢發現，自己花了這麼多時間去擴大人脈，以維繫很多關係，都沒有因而換來升職加薪，也沒有換到賺大錢的機會，更沒有獲得多少精神上的充實和快樂。

當你真的有困難而且需要幫助的時候，這些所謂的朋友都會像躲瘟疫一樣，恨不得離你遠遠的。

你若盛開，蝴蝶自來；你若稀爛，誰願意多看你一眼？

所謂「多一個朋友多一條路，朋友多了路好走，人脈就是『錢脈』」，這些思想根本就是自欺欺人，自我安慰罷了。

如果你的能力不夠，如果你不夠厲害，認識再多朋友，認識再厲害的人，也不過是你炫耀的資本，並不能為你帶來任何實際的益處。反之，那些明智的人，往往在社交上花的時間很少。

因為他懂得能力是一，人脈是後面的〇，自己若沒有獨特的優勢，再多的人脈資源也是形同虛設。

所以，與其花大量時間去維繫那些低品質的關係，不如靜下心來進行高品質的獨處，踏踏實實地提升工作能力，讓自己成為一個值得被託付事情的人。當你有能力為他人帶來益處時，你的社交才會有品質，人脈才是有價值。

人生最寶貴，也最容易流逝的，便是時間。不要把太多人請進你的生命裡，浪費自己的寶貴時間不說，也委屈了自己的心。

學會做一個能夠與自己高品質獨處的人，才更容易感受生活的安寧與喜樂。

01

人，最終還是要靠自己成全自己

小說《擺渡人》裡有一句直擊人心的拷問：「如果命運是一條孤獨的河流，誰會是你靈魂的擺渡人？」

所謂的「擺渡人」，其實就是幫助我們、成全我們，讓我們的人生變得更好的人。但這樣的「擺渡人」往往可遇而不可求。人生大多時候都是求人不如求己，靠人不如靠己，與其奢望別人來成全，不如由自己成全自己。

宋軒是一個富二代，也是家中的獨生子，但他並沒有紈褲子弟人家常見的毛病。他的性格低調、內斂，從小便是一個聽父母話，讓父母覺得省心的孩子。

考大學時，成績一向不錯的他因為太緊張，在考場上沒有好好發揮，只考上了一所很普通的學校。

大學錄取通知書寄到家裡的時候，宋軒母親就對他說：「二流大學的畢業生，將來出社會工作也只能當個普通的上班族。薪水低不說，還要看人臉色，等你大學畢業了，就回來家裡幫忙打理建材生意。」

宋軒對做生意根本沒有興趣，他也不想大學一畢業就待在家鄉，但他並沒有急著反駁母親的話──以後會怎樣，誰說得準呢？

上大學後，別的同學都忙著談情說愛，宋軒卻總是泡在圖書館或宿舍裡專心讀書，從來沒有談戀愛的打算。四年後，在老師和同學的意料之中，卻在父母的意料之外──宋軒考上了研究所。

兒子考上研究所了，這是一件值得驕傲、支持的事，宋軒母親自然沒有再像過去那樣，每次放假回來總是跟他嘮叨畢業後回來經營自家產業這件事。

三年的研究所生活，宋軒照樣讀得很刻苦，還沒正式畢業，便被北京一家世界前五百強的公司看上了。畢業後，他直接去那家公司上班，戶口也跟著轉了過去。

兒子這麼優秀，一踏入社會就成為一名高級白領，母親自此再也沒有要求他回來繼承家裡的建材生意。

02

古人說：「自助者，天助之。」

人生，其實從來就不缺乏機會。有些人總在等待機會，而有些人卻總在創造機會。一個懂得成全自己的人，總能替自己創造機會、過想要的人生。

然而，很多人在長大後，總是忘記自己最想要的是什麼，一味地被命運推著走。命運其實好比玩牌，拿到好牌不一定會贏，拿到爛牌不一定會輸。輸贏的關鍵是看你怎麼打牌、有沒有想贏的決心。

只要你想贏，就不會輸得太慘。縱然輸得很慘，也不會遺憾是否曾經不夠努力。生活不能等別人來安排，要自己去爭取和奮鬥，不論結果是喜是悲，都不枉在這世界走了一遭。

很多人總是在年輕的時候肆意地揮霍青春，在最好的年紀虛擲光陰，或是沉淪在一段段情愛的遊戲裡，完全喪失生活的鬥志，忘記自己曾立下的人生目標。等到驀然回首時，才驚覺歲月已遲，悔之晚矣。

偶爾，當你聽到別人取得什麼成就時，心裡總會產生一絲嫉妒和羨慕，一絲後悔和心酸。你會在漆黑的夜裡暗暗地責怪自己——為什麼當初不努力呢？為什麼當初不堅持呢？如果當時有付諸行動，現在的自己早已取得一些成就了吧！

然而，世上沒有時光機，過去的光陰永遠無法重現。若仍不開始努力的話，你的遺憾將永遠都是遺憾。

03

我認識一對雙胞胎兄弟，他們的家境狀況滿不好的。兩兄弟的學業成績其實一直都不錯，但高中畢業後，因為家裡負擔不起兩人的學費，最後兄弟倆只好去城裡打工，在同一家電子工廠當工人。

哥哥工作很認真，很快地和廠裡的一個女孩談起戀愛，變得隨遇而安。而弟弟不光工作認真，還一直保持著看書和學習的習慣。在工作幾個月後存了一筆錢，就先去培訓班學電腦、報名英文課。

在這家工廠工作了兩年，兩人都滿十八歲之後，哥哥的談戀愛對象已經換了兩個，依舊在廠裡當個普通工人。至於弟弟，既懂電腦，英文又不錯，已經擁有飛到廣闊天地的翅膀，於是毅然辭掉這份沒有晉升空間的工作，到南部打工。

在南部一家公司裡，他在物料部做了一個多月的搬運工之後，便透過內部升遷，成功獲得倉管員一職。工作穩定後，他又報了成人大學輔導班，準備參加考試。

踏入成人大學的第二年，年紀輕輕的他被升為副主管。在拿到大學畢業證書的那年，他又升為主管，成了這家公司有史以來最年輕的主管。

而他的哥哥一直在家鄉小城的工廠裡從事體力活，拿著微薄的薪水。當他得知弟弟圓了他們曾經都嚮往過的大學夢，還成了一名企業的主管，變成一名真正的白領之後，他的內心五味雜陳，既為弟弟感到高興，也為自己感到難過。

當初，明明兩個人的成績是不相上下的，成長際遇也是一樣的。但是，短短幾年，兩人的差距竟是天差地別。父母和家人對他倆的態度也有了明顯的區別，對弟弟是尊重，而對哥哥則是暗暗的鄙視。

回想這當中的所有細節，哥哥終於像開竅一樣，他更認真工作，沒事也看看書，不再把錢都用在追求女孩子上，而是開始存錢，打算去學一門安身立命的手藝，不再安於現況。

04

電影《終極追殺令》中有一段臺詞：「如果你不快樂，那就出去走走。世界這麼大，風景很美，機會很多，人生很短，不要蜷縮在一處陰影中。」快樂的人生，都要靠自己來成全。而這個成全自己的過程不會太過輕鬆，可能會流汗，也許還會流血、流淚，但結果一定能讓你笑。

靠自己成全的人生能讓你從此過得踏實、自由，不會再患得患失，也不會在他人面前

卑微如泥。

人生最怕的就是一個「等」字，等將來、等以後、等別人、等時機成熟、等伯樂發掘……那些坐著不動乾等的人，往往都等不到想要的結果，永遠都在為自己的人生設限。

而那些有目標、有膽量，一步一腳印，付出努力與堅持，往夢想的方向前進的人，老天會願意助他一臂之力，讓他的夢想比預期更快地成真。

成全夢想就是取悅自己，這遠比取悅別人來得更為重要。

做個愛自己的人，做自己的「擺渡人」，每過一天就離夢想更近一步。你會發現終有一天，你所累積的一小步，都會帶給你滿滿的驚喜。

還等待什麼，還猶豫什麼？為了更美好的明天，努力向前走吧！

Chapter

8

人生哪來的風平浪靜，你也不必時時心寬似海

你失控的樣子，就是渴望被理解的樣子

01

夏日午後的雨來得快，去得也快。窗外的天空此刻特別清澈、湛藍，有幾朵白色的雲像棉絮一樣，看起來柔柔的、軟軟的。

「他說我就是個瘋子。」一句很煞風景的話傳入我的耳畔，目光立刻從窗外收回，望向坐在我對面的沫沫。

沫沫的神色看似有種雲淡風輕的淡定，但我依然從她的眼神裡讀到傷感的味道。她像在述說別人的故事一樣，向我敍述她的愛情故事。

「這是他對我說的最後一句話。我不知道為什麼我的愛情總是以這樣不堪的方式收尾。真的是我的性格有問題嗎？還是我真的是個不值得被愛的女人？」

沫沫的眼睛裡有晶瑩的淚水在閃爍，讓我的心不由得一酸。

映入眼簾的這張容顏，青春而姣好。她是個有夢想、有上進心的女孩，對朋友真誠，對愛情專一。這樣的女孩，誰說不值得被愛？

然而，讓她開始否定自己的，卻是一個她愛了一年多，此刻仍然還愛著的男人。這個讓沫沫失戀的男人叫阿哲，他們曾經是朋友們眼中的最佳情侶檔。

阿哲性格外向，人緣極好，只要有他在的地方就絕對不會冷場，而沫沫性格偏內向，喜歡安靜。性格迥異的兩人雖然在一開始相互吸引，但在一起的時間長了以後，卻成了兩人矛盾不斷的源頭。

沫沫越來越不滿，阿哲幾乎把所有的空閒時間都花在和朋友無聊的聚會上，不願意陪她一起散步、聊天、看電影，甚至連她生病了，他都不願意撥出時間陪她。於是，兩個人開始爭吵，歇斯底里的火爆劇情不停在他們的生活中上演。終於，阿哲受不了愛發脾氣的沫沫，毅然決然地離開她。

02

有人說，真正愛你的人，一定是那個願意花時間陪你的人；也有人說，真正愛你的人，一定是那個能讓你越來越開心的人；還有人說，真正愛你的人，一定是那個理解並接納你所有情緒的人。深以為然。

小時候，父母便教育我們——要做個乖孩子，愛哭鬧、愛發脾氣都是不對的。

上學後，老師也教育我們——要做個有禮貌、有素養的學生，不能說髒話，懂得為善和尊重他人。

進入社會後，前輩們都告誡我們——要學會好好說話，懂得控制自己的情緒，做個不喜形於色的成年人。

可是，那些要求我們的人往往都忽略了，每個人都是哭著來到這個世界上的。喜、怒、哀、懼、愛、惡、欲，都是生而為人的本能，也是正常的情緒表達。做為一個成年人，生存的壓力已然讓我們活得不那麼輕鬆。

在職場上，我們需要戴著面具應付各式各樣的人，盡力做一個他們眼中成熟、可靠的人。疲憊了一天回到家後，每個人都想卸下堅強的面具，做回真實的自己。這個自己有七情六欲，想哭的時候會哭，想笑的時候會笑，想發脾氣的時候會發脾氣，想表達什麼都會毫無顧忌地表達出來。

如果在屬於自己的空間裡還需要偽裝，做一個壓抑情緒的人，那活得未免太累了吧！如果把情緒宣洩出來就成了過錯，成了不可理喻、不值得被愛的人，那麼，這樣的伴侶，真的適合你嗎？

03

一對夫妻結婚二十年以來很少吵架，卻在孩子考上理想的大學後爭吵不斷。不久，妻子堅決提出離婚，丈夫最終也同意了。

在外人看來，他們的離婚太讓人感到惋惜了，然而在那位妻子心裡，離婚是必然的結果，也是讓她倍感輕鬆的一個決定。在他們長達二十年的婚姻裡，為了給孩子營造一個家庭和睦的氛圍、樹立一個良好的榜樣，妻子一直都壓抑著自己的負面情緒，雖然對丈夫只出一張嘴的行為有諸多不滿，但都默默忍受著。

曾經，她也想繼續忍，將就過一輩子算了。但是，孩子讀大學後，她發現自己不想再繼續忍下去，也無法再忍了。這種念頭越來越強烈後，她和丈夫間的爭吵便連綿不斷，越吵越激烈。在妻子心裡，每次的爭吵和情緒失控，其實都是希望丈夫能懂她內心的真實需求，得到他的重視與理解。

但是從丈夫的眼裡看來，妻子和他每次的爭吵都是在斤斤計較、蠻橫不講理。

一個男人如果只懂得享受女人帶給他的好情緒，而不去理解也不願意接納女人的壞情緒，這樣的男人，毫無疑問是自私的，這也說明他不夠愛你。

一個男人如果真的愛你，他會感受得到你失控的情緒，會明白你心底的失望和渴求。他會懂得從自身反省，而不是反過來責備你是個不可理喻的神經病。

04

世間的情侶幾乎沒有不吵架的。有吵架，自然就會有情緒失控的時候。有的爭吵會成為增進雙方感情的調味劑，讓彼此能更深入地了解對方。而有的爭吵只會讓雙方離感情分崩離析的那一天更近一步而已。

好的結果與壞的結果，往往不是取決於吵得最厲害、情緒最失控的一方，而是取決於另一方是否能理解且接納伴侶的情緒失控。

那些經歷過坎坷情路的過來人後來都會明白：在愛情裡，懂得，比愛更重要。

你希望他下班早點回家，是因為他是你最想一起共度晚餐的人；你希望他把你看得比父母兄弟重要，是因為你也把他看得比父母姐妹重要；你希望他能分擔家裡的瑣碎事務，是因為你想要他也能體會經營一個家的艱辛，從而更懂得珍惜。

你在外人面前端莊大方，唯獨會在他面前哭鬧、耍任性，是因為在你心裡，他是你最值得信任和依賴的人。

你所有情緒失控的樣子，不過是你渴望被理解的樣子。失去他，最失敗的並不是你，而是他。因為他失去的是一個愛他的人，而你失去的，不過是一個不夠愛你，更不夠懂你的人而已。

人的一生會遇見很多人，而能真正懂你、接納你所有情緒的人卻很少，甚至可遇不可求。

但是，請不要覺得沮喪。**請相信真正懂你的人，可能會姍姍來遲，可是永遠不會缺席。縱然會永遠缺席，但你還有自己，你可以做那個懂自己，並且接納自己所有情緒的人。**

也請相信，溫和的你，發脾氣的你，都值得被愛。

01 人間最累的事，就是要為別人的情緒負責

家應該是每個人的鎧甲，也應該是每個人內心裡最柔軟的那一塊。但在小菲心裡，家只是個會傷害她的地方，不是那副能保護她的鎧甲。

小菲從小在一個爭執不斷的家庭中長大，在她的記憶裡，父親和母親從來沒有對彼此和顏悅色過。「你就是生下來向我討債的！要不是因為你，我真恨不得馬上走！」這是小菲從小到大最常聽到的一句話，而這句話出自她母親之口。

母親每次心情不好總會對她說這句話，她不知道這句話對小菲來說，就像心被針刺了一樣，流著血，成了傷疤。當別的孩子正值無憂無慮、天真爛漫的年紀時，同齡的小菲卻已經經歷了第一次離家出走。但是，她還沒走多遠，就被母親追趕回來，還把她狠狠地打了一頓。

在這之後，小菲不敢再鬧離家出走，只盼著母親能和父親分開，不管要她跟哪一方，她都願意。這樣，她就可以不再是母親口中的「討債鬼」了。但是，母親並沒

有讓她如願。

小菲大學畢業後，不顧母親的反對，毅然到離家千里的城市工作。她每個月都會按時匯錢給父母，但是卻很少主動打電話回家，接連兩年都是一個人在外地過年——她寧可一個人在異鄉品嘗孤獨，也不願意回家面對母親那張苦大仇深的臉。

雖然小菲終於遠離了那個家，但每次只要想起母親，特別是接到她的電話後，總是倍感難受，內心充滿了矛盾與愧疚。

02

人生不如意十之八九。

小菲母親擁有一個相當不如意的人生，雖然跟丈夫感情不睦，但為了孩子，母親仍然選擇痛苦地維持婚姻。

但是，比起母親，小菲才是那個最痛苦，也最無辜的人。因為從小到大，母親都把她當成一個情緒垃圾桶，把所有負面情緒都加諸在她身上，而她也無法做到不受母親負面情緒的影響。

承受他人的負面情緒是一件很消耗能量的事，處理好他人拋來的負能量更是一件十分不易的事。每個人都喜歡陽光而不喜歡愁雲，遠離負能量是人的本能。只是，父母不同於其他人，縱然子女能從空間上遠離他們帶來的負面情緒，但卻很難做到在心理上完全遠離。

正如小菲，雖然她選擇到離父母很遠的城市工作，可以兩年都不回家，但是，只要一想起母親，聽到她在電話裡抱怨的聲音，小菲仍然會感到愧疚和難過。在小菲心裡，她既厭煩母親的負面情緒，又覺得自己應該為她的心情負責，可是又深感自己並沒有能力可以治癒母親。這種矛盾的心理讓她痛苦糾結，許多個失眠的夜裡，她都覺得自己是一個不孝女。

然而，小菲真的是一個不孝女嗎？並不是。

每個人都是獨立的個體，都應該為自己的人生負責，父母和子女之間也是。

03

蘇雅家裡有姐弟四人，弟弟是家裡最小也是唯一的兒子，父母從小就很寵他。

弟弟結婚時，父母要為他買新婚房，但是家裡經濟條件並不怎麼好，弟弟自己也沒存什麼錢，於是父母便要求三個女兒一人出二十萬，為兒子湊足頭期款和裝修費用，而且沒有商量的餘地。

蘇雅和兩個姐姐，心裡很不滿，覺得父母太偏心。不過，她兩個姐姐比她年長不少，目前的經濟狀況也不錯，所以這二十萬她們還是拿得出來，也決定拿出來。但蘇雅跟兩個姐姐的情況不同，她剛生下第二胎不久，家裡並不富裕，一下拿出二十萬，如果不去借錢的話根本就拿不出來。

蘇雅的老公也覺得岳父、岳母的要求很過分，他不同意借錢給小舅子買新婚房，並說如果她背著他借錢貼補娘家，就要離婚。

一邊是娘家，一邊是自己婚後的家庭，蘇雅左右為難。最後她權衡了利弊，選擇保護自己的家庭，只盡自己的最大能力，給父母八萬塊。

這八萬塊不光讓父母不高興，弟弟也不高興，連未來的弟媳得知這件事後，也對蘇雅相當冷淡。

錢貼出去了卻討不到一丁點好，還成了讓這麼多親人不高興的人，一想到這些，蘇雅就覺得自己好似啞巴吃黃連，心裡相當委屈，卻沒辦法向他們說。

像蘇雅這樣的例子，在現實生活中其實有不少，很多人總覺得家人有義務、有責任滿足他們的任何需求。這些需求從表面上看可能是關於經濟方面，但本質上其實都只是為了滿足他們的需求。

沒有人是萬能的，也沒有人能做到事事周全。當你做不到滿足他人的需求時，真的不必那麼自責、內疚，不要太為難自己。能做到問心無愧，足矣。

04

中國有一個名叫朱爾的小朋友曾寫了一首感動很多網友的詩〈挑媽媽〉：

你問我出生前在做什麼？
我答：
我在天上挑媽媽。
看見你了，
覺得你特別好，
想做你的孩子。
又覺得自己可能沒那個運氣，
沒想到，
第二天一早，
我已經在你肚子裡。

每個孩子降臨到媽媽肚子裡時，大概都覺得自己是幸運的、幸福的。

長大後，有的孩子開始覺得不幸福，往往都是因為家人把不好的情緒帶給他們。

而孩子想拯救家人和自己的負面情緒，到最後卻發現根本束手無策。

孩子最終會明白，自己並沒有義務為他人糟糕的情緒負責，安不安撫他人糟糕的情緒取決於個人意願，而不是迫於他人的情感或用道德綁架。

《金剛經》裡這樣寫道：「人生有八苦：生、老、病、死、愛別離、怨長久、求不得、放不下。」

強求或奢望他人為自己的情緒負責，就是八苦中的求不得；主動或被動為他人的情緒負責，但卻發現自己無能為力，也是八苦中的求不得。

求不得是一件自討苦吃的事，也是人間最累的事。

對生活有所領悟的人對於自討苦吃的事會選擇看淡、放下，唯有這樣，才是真正地放過自己，也放過他人。

01 能真實表達情緒的你，很可愛

「我願意一輩子陪你哭、陪你笑、陪你瘋、陪你鬧。我願意一起變老，直到牙齒掉光的時候，還能穿著花裙子和你一起聊八卦。」這是安安心裡，友情最好的模樣。

安安和小葉相識於年少，她們曾一起暢談夢想，一起無所顧忌地分享喜怒哀樂。她們見過彼此遇到愛情時嬌羞的樣子，也曾看過彼此失去愛情時狼狽的樣子。在人生最美好的年華，她們是無話不談的知己。但沒想到，在而立之年時，她們之間的關係卻產生了微妙的變化，這讓安安的內心感到失落、傷感。

十幾年來，安安在小葉面前一直還是年少時的那個她。她會和小葉分享工作上的一些成就，也會向她抱怨生活中的一些不如意，還會和小葉說自己對某位明星的喜愛，她從來不曾在小葉面前當一個戴著面具的人。

而小葉卻和安安完全相反。不知從什麼時候開始，她在安安面前已經不輕易透露自己的情緒，不輕易讓安安走進她的內心。

一直把小葉視為最好朋友的安安，甚至都不了解她的生活過得好不好、婚姻幸不幸福。好多次她嘗試跟小葉深聊，但她都很明顯地轉移話題，只肯淺聊些無關痛癢、浮於表面的客套話。

小葉的社群網站也永遠只發一些沒有什麼溫度、千篇一律的雞湯文，而安安卻毫不介意地把真實的自己袒露在朋友的目光裡，不時在網路上發表一些感悟。

一直到某一天，安安看到小葉在社群網站上發了一篇文章，主題是關於成年人情緒的表達。看了文章後，安安心裡突然感到一陣難過，她強烈地感覺到小葉發這篇文章似乎就是給她看的——她們是不同類型的人，她不喜歡自己都已到了中年，卻還像個孩子一樣，恣意地表達情緒。

02

年少時的友情往往很容易獲得——借你一本書、向你討教一個問題、一句「你好」、一個微笑，就能成為好朋友。

成年後的友情比愛情更難以擁有。「泛泛之交」隨時都能遇到，而真正願意交心的朋友卻越來越少。

很多成年人習慣戴面具，帶著防備之心和人交往，生怕在他人面前暴露自己的弱點，成為人們茶餘飯後的討論話題。也有一些成年人覺得經營友情是一件消耗時間和金錢的事，畢竟好好生存下來已經壓得他們喘不過氣，所以他們不願意再花精力經營對他們來說近似於「奢侈品」的友情。還有一些成年人，他們的心智慢慢成熟後，會有意識地過濾掉與自己三觀不合，或是無法給他們正能量的朋友，他們活得理性大於感性。很多友情就是這麼漸行漸遠的。

而那些能維持幾十年或是一輩子的友情，一定是不忘初心，在彼此面前活得足夠真實的人。

他們不會戴上面具和對方相處，不會用權衡的眼光來計算這段友情的利弊，他們會永遠用真誠的態度去面對彼此。

有一個網友這樣說：「壓抑自己的情緒，社群網站的貼文都不敢發，好消息怕別人嫉妒，壞消息怕別人看笑話，這是不是就是成年人的悲哀？」還有一個網友說：「所謂的成熟就是痛不言、笑不語，感覺靈魂被生活壓抑到消失殆盡了。」

在太多成年人都在努力壓抑情緒、努力扮演一個成熟的人的大環境下，能真實表達情緒的人多麼難能可貴。

而擁有能在自己面前真實表達情緒的朋友，更是人生的一個幸運。

03

曾經看過一篇關於劉嘉玲的採訪，她聊到好友王菲。

王菲有次遭遇了感情挫折，心情不好，約她去喝茶。

兩人到了店裡後，王菲一直不說話，就這麼發呆坐了一陣子。劉嘉玲見王菲不說話，便也很默契地不問，靜靜地坐在對面陪著她，兩個人都沒有覺得尷尬。

朋友間最好的相處模式莫過於此。想哭的時候會在你面前不顧形象地大哭，但不想說話的時候也可以在你面前不說話，而不會擔心你覺得莫名其妙。因為我知道，你懂我此刻的心情，此時不想說話的我，便是最真實的我。你知道，只要靜靜地陪我坐著，我的內心便已經得到了撫慰。

劉嘉玲說，在她眼裡，王菲就是個小女孩。據說她們倆的相識簡單而美好，在王菲還叫王靖雯時，兩人在電影院裡邂逅，劉嘉玲主動跟王菲搭訕：「我很喜歡聽你的歌。」之後，兩人便相交至今，成為彼此生命中最重要的朋友。她們的友情比起各自的愛情更加穩固，更加讓彼此心安。

有一個朋友曾經說，能跟她玩在一起的人有兩種，一種是能忍受她發神經的人，另一種是和她一樣神經的人。能忍受她發神經病或是和她一樣神經病的人，一定都是在彼此面前能真實表達情緒的人，也能接納對方在她面前真實做自己的人。

這樣的人不虛偽，和她在一起不需要設防，也不會有心理負擔。

你們可以在彼此面前做個成熟的大人，也可以當個幼稚的小孩，成為對方真正值得珍惜的朋友。

04

一直很喜歡范瑋琪的〈一個像夏天一個像秋天〉裡的歌詞：「第一次見面看你不太順眼，誰知道後來關係那麼密切。我們一個像夏天一個像秋天，卻總能把冬天變成了春天。你拖我離開一場愛的風雪，我背你逃出一次夢的斷裂。遇見一個人後生命全改變，原來不是戀愛才有的情節。如果不是你，我不會相信，朋友比情人還死心塌地……」

真正的朋友，一定如歌詞那樣，「比情人還死心塌地」。愛情是燈，友情是影子，當燈滅了，你會發現你的周圍還有影子。

朋友，就是在你傷心難過的時候，還能給你安慰和力量的人；朋友，就是當全世界都覺得你在小題大做時，懂你為什麼會哭得如此歇斯底里的人。

在友情的世界裡，去做那個能真實表達情緒的人吧！懂你的人會明白、接納你所有的情緒，會覺得成熟的你、幼稚的你、哭的你、笑的你，都是如此可愛。

而不懂你的人，不必傷感也不必強求，就讓他遠去吧，畢竟他也曾陪你走過一段純真的歲月。餘生各自走自己的路，也是對這段漸行漸遠的友情最好的交代。

01 要相信你的敏感是上天給的禮物

你是否有過這樣的經歷：被公司主管批評了幾句，心裡會耿耿於懷很久；被男朋友偶爾忽略了一下，心裡便懷疑他是不是不在乎自己；和他人發生爭吵後，事後總對自己那時的回擊不滿意；聽到親戚朋友或同事的一些無心言論，總覺得是在暗指自己；不大喜歡熱鬧喧嘩的場合，就算表面上和他人打成一片，內心也覺得是孤獨的；容易多愁善感，情緒容易起波動，有時會被別人說「玻璃心」……如果你有這些困擾，說明你擁有敏感的性格特徵。

一位女網友說她一直受敏感性格的困擾，總覺得公司主管不喜歡她，男朋友不夠在乎她，親戚、朋友和同事都覺得她性格怪異，不好相處，她覺得自己的人生很糟糕。她很想改變這種狀態，但是江山易改，本性難移，她越想改變，反而變得越敏感，活得越不開心。

這位網友的心情，相信不少人曾經歷過。

擁有敏感性格特徵的人，他們對細節的感知能力特別強，無論在工作還是生活中，很容易因為一點小事就引發一些情緒，比如傷心、憤怒、悲觀、焦慮等等。很多人也因此把敏感看成是一種性格缺陷，認為它只會為自己和他人的生活帶來負面的影響。所以，他們會像這位網友一樣，試圖改變它。

但是他們最後往往會發現，當你越想改變它，就越容易讓自己變得更加敏感。

02

有份調查結果顯示，我們身邊每五個人之中，就有一個人擁有敏感的性格特徵。他們並不是一個特殊的群體，更不是病態，而是一種很普通、大眾的存在。存在即合理。

著名心理學家榮格說：「敏感可以極大化地豐富我們的人格特點，只有在糟糕或者異常的情況出現時，它的優勢才會轉變成明顯的劣勢，因為那些不合時宜的影響因素讓我們無法進行冷靜的思考。」敏感的人擁有發達的神經系統和活躍的想像力，他們心思細膩，能捕捉到更多的資訊。

像世人熟知的著名藝術家——貝多芬、梵谷等，都是具有敏感性格的人。

還有文采出眾的才女明星伊能靜，也是一個敏感性格的人。她曾說：「當一個敏感的人並沒有錯，相反地，這些人應該愛上自己內在被賦予的敏感，並且勇敢地讓世界知道。」所以，對於敏感的人來說，最需要的並不是改變自己，而是認識、接納自己，成為一個可以操控敏感情緒，而不是被敏感情緒操控的人。

要知道，不是情緒決定認知，而是認知決定情緒。敏感的人，最應該學會的是停止內耗，不浪費精力偽裝自己以迎合大眾，變成眾人眼裡期待的樣子。

要勇敢做自己，並讓世界知道你是什麼樣的人；要相信這個世界總有一些懂你的人，欣賞的正是那個擁有敏感性格的你。

03

我讀國中一年級時有一個同班同學，她在一個重組家庭中長大，上有姐姐，下有弟弟和妹妹，而她是經常被父母忽視的那個，小小年紀就因為缺愛以及貧困的家境，內心特別敏感，老是表現得很不合群。

因為她的個性孤僻、成績中等，也沒什麼出眾的特長，學校老師和同學們也因此一直忽略她。而她也似乎習慣了自己永遠只是個沒沒無聞、不討人喜歡的存在。

直到後來，因為一件小事讓我和她成為朋友，我這才慢慢了解這位毫不起眼的同班同學。

她其實是一個「寶藏女孩」——一個值得一輩子深交的朋友。

有一次天氣突然變涼了，她沒有帶厚衣服，我便把自己的一件外套借給她穿。一開始她有點不好意思，不肯穿，但在我的堅持下才終於穿上。

國中畢業後，我繼續升學，而她因為要幫忙分擔家計，選擇進入社會打工。第一年，她用打工存下來的錢，買了一塊在當時並不算便宜的手錶寄給我。這支手錶是我人生收到第一份最有意義也最讓我感動的禮物。

在後來的幾年裡，她還寫了好多封信給我，從這些來信裡，我才發現原來她的文采如此好、感情如此細膩。無論生活多麼不如意，但她從來不吝嗇於給朋友溫暖和關懷。

經歷過世態炎涼後，她讓我堅信：這個世界上，總有一些信仰是值得去堅持、有一些人是值得去珍惜的。所以，敏感真的不是一種性格缺陷，反而是一種財富。敏感的人具有高度的同情心。

他們或許不會輕易和人成為朋友，不會輕易和別人交心，但是，一旦他們和你交了心，便會毫無保留地把自己最真摯的感情交給你，成為最懂你的那個人。

04

在現實生活中，敏感的人往往追求完美，對自己的要求比較高，所以總是容易感到心累，覺得生活有諸多的不如意。

若想改善這種消耗自己能量的狀態，要先學會兩點。首先，要學會斷捨離，不苛求自己事事做到完美。

例如，一些無聊的社交活動，大可不必浪費精力參加，一些不健康、只會消耗能量的人際關係，要懂得及時止損。

在工作和生活上，和一些不得不打交道或是必須要打交道的人，保持禮貌和應有的界線感，把握深聊和淺聊的主動權，避免成為他人的情緒垃圾桶。

最重要的一點是，無論當時的表現是否讓自己或他人滿意，都不必在事後糾結、反覆回想自己有哪些行為欠妥當，哪些話沒說好。

要知道，能讓所有人都滿意的社交高手，終究是鳳毛麟角。所以，你沒必要苛責自己，去和那些你覺得能力特別優秀或情商特別高的人比較。

第二，當你感到負面情緒來襲時，要懂得找到讓自己最舒服的方式過活。敏感的人總能有許多感知，也容易受各種資訊困擾。

例如，一個經常被家人催婚的性格敏感女孩，只要接到父母的電話，或是在社群網站上看到別人發關於相親或是催婚的文章，就會感到焦慮、煩躁。這個時候，她需要找到讓自己最舒服的方式獨處，像是做家務、聽音樂，或是外出散步等方式，以轉移自己的注意力，讓大腦處於一種放鬆的狀態。

當你懂得放輕鬆，心中的焦慮感等負面情緒自然就會減輕，甚至消失。所以，敏感的人大可不必為自己的性格特徵而苦惱，更不要盲目地試圖改變，而是要學會去適應它、和它友好地相處。

當你學會接納、珍視自己，與敏感的自己好好相處時就會發現，敏感是上天賜予你最珍貴的禮物。

這個世界已經有太多刻板、麻木的人了，就讓自己敏感地活著吧！要相信，在你未來的某些時刻，敏感特質一定能給你美好的回饋，讓你綻放光芒，熠熠生輝！

Chapter

9

你的任性妄為，只因為相信了愛情

01 孤單太久的人，有一點點甜就好

「我想我會一直孤單，這一輩子都這麼孤單。我想我會一直孤單，這樣孤單一輩子……」每次聽到劉若英唱的這首歌，橙子的心裡總會泛起淡淡的傷感。

自從和初戀男友阿軒分手後，她便一直把這首歌設定成手機鈴聲，而這首傷感的歌也已經陪伴橙子一千多個日夜。

在這些日子裡，她似乎習慣了一個人：一個人坐捷運上班、一個人坐捷運下班、一個人吃飯、一個人逛街、一個人看電影、一個人回家、一個人做家務、一個人聽音樂、一個人睡覺、一個人做夢……偶爾，一個人參加一場絲毫不能讓她心生雀躍的相親。

這其中的心酸，沒有經歷過的人，是很難感同身受的。

在一個乍暖還寒的春日，是橙子的生日，阿軒突然出現在她面前，看著她的眼睛說了一句：「好久不見，生日快樂！」橙子平靜很久的心突然泛起了一絲漣漪。

短短三年的時間，阿軒從橙子的前男友變成了另一個女人的丈夫，再變成了那個女人的前夫，最後又變成了橙子的追求者。

三年的時間，阿軒從一個陽光大男孩變成一個略顯滄桑的男人。

在拒絕阿軒兩次約會請求後，第三次，橙子答應了他。重逢後的第一次約會，他們去了以前談戀愛時，常去的一家特色小餐廳。

物是人非景依舊，片刻的尷尬後，這對故人逐漸找回一點熟悉的感覺。

這晚，終於有人送橙子回家，有人站在她面前，和她依依不捨地道晚安。這晚，聽著劉若英那首孤單的歌，橙子的內心不再覺得孤單。

第六次約會時，阿軒向橙子正式表白，希望她做回他的女朋友。第七次約會時，她正式答應了他，願意和他談一場「不念過去，不畏將來」的戀愛。

02

然而，橙子沒想到，她和阿軒的復合，幾乎不被所有人看好。

她的一位閨密直言不諱地說，離異過一次的阿軒，完全配不上橙子，她值得更好的。幾位關係不錯的女同事也會在偶爾的閒聊中，有意無意地提醒她「好馬不吃回頭草」。

曾經，那個在朋友眼裡寧可一直單身，也不願意對愛情將就的橙子，如今在她們眼裡似乎成了一個任性、衝動，被愛情衝昏頭腦的傻女孩。自己的愛情得不到朋友的祝福，橙子的內心覺得很難過。但是，她並不想放棄和阿軒失而復得的感情。

當初，她和阿軒在一起時，兩人都不懂得經營愛情，分手對兩人的打擊都很大。如今，雖然阿軒中間經歷了一次失敗的婚姻，但她也沒有和其他人再談過一次戀愛，所以她並沒有覺得心理不平衡，也沒有覺得阿軒配不上她。

只是，閨密和女同事們一致不看好這段戀情，讓橙子無法做到毫不在乎。夜深人靜時，她忍不住感到失落，覺得這個世界上似乎沒有人能懂她。

橙子的心情，我能理解。

就好比一個小女孩和一個不受歡迎的小男孩玩，別的玩伴見到了，都很鄙夷地對她說：「咦，你怎麼跟他玩啊？」無論是大人還是小孩，都渴望得到他人的認同和理解，這也是生而為人共通的心理需求。

但是要知道，這一生，你所做的每件事，不可能被所有人認同、理解。你要允許別人的不認同，不理解，同時，更要學會認同自己、理解自己、支持自己、做自己一輩子的知己。

03

我有一個叫小雅的朋友，她二十一歲畢業出來工作，一直到三十一歲，整整十年間，都沒有認真地談過一場戀愛。但並不是因為她不想談，而是遲遲沒有遇到聊得來的對象。

在所有親戚朋友的眼裡，小雅是一個很挑剔的女生，她每年過年回家都被催婚，甚至還有長輩會倚老賣老地嘲諷她。

三十一歲那年，小雅和一個才認識半個多月，各方面條件看起來都很普通的相親對象閃婚了。這件事又讓她成了不少人茶餘飯後的談論話題，嘲笑小雅現在知道自己年紀大，「貶值」了，所以才這麼急匆匆地隨便找個男人嫁了。

遲遲不結婚被別人議論，終於結婚了還是被別人議論。小雅自始至終都是淡然處之。無論是過去十年堅持單身，還是十年後的閃婚，都是小雅遵從自己內心的決定。其實是因為在相親前發生的一件小事，讓小雅產生強烈的「想婚」念頭。

有一天，小雅一個人去超市購物，買好兩大袋東西出來，發現原本晴朗的天空竟然下起了傾盆大雨，看這雨勢，一時之間是停不了的。於是，她只好提著東西站在超市門口等雨停，在等待的期間，她發現有一個女人和她一樣提著東西，站在超市門口，但她不是等雨停，而是等別人送傘。

當看到一個男人撐著一把傘過來，而那個女人笑靨如花地挽著男人的手臂一起離開時，小雅的眼眶濕了，結婚的念頭就是在那一刻產生的。

沒多久，她便認識了現在的老公。她老公確實很普通，但是，他卻在對的時間，出現在小雅的生命中。所以和他結婚，對外人來說或許速度太快，但是對小雅來說不早也不晚。天時、地利、人和，三者皆備，就像命中註定一樣自然。

她不介意外人的不理解，因為她理解自己就好。她能為自己做的這個決定承擔可能會出現的各種結果。

懂得理解自己的小雅，是幸運的。她的老公雖然外表沒有很好看，不會說些動聽的情話，原生家庭的條件也很一般，但是對小雅卻特別好，給了她足夠的關心和體貼，婚後的日子過得平淡而幸福。

04

生活中總有一些「好事者」喜歡跟我們說「好馬不吃回頭草」，告訴我們「理智的人不會輕易閃婚，孤單時愛上的人，絕對不是那個『對的人』」。

道理其實誰都懂，但生活絕不是僅是遵從一些道理就一定能過好的。生活，是一種經歷；幸福，是一種感受；愛情，更是一種很玄的東西，根本沒有固定的公式。

假如不是當事人，那麼，誰也無法真正體會那些孤單太久的人，內心的荒蕪和蒼涼。在她們冷傲獨立的外表下，藏著的其實是一顆無比柔軟、敏感的心。她們往往只需要一點點正好符合她們口味的甜，就能讓心融化。

沒有人真的願意孤單太久。雖然不喜歡，有些人卻還是選擇了這樣的生活模式，不過是因為害怕失望罷了。她們害怕把心交給另一個人，結束這種孤單的生活，結果可能比一個人的生活還要孤單。這樣的她們，實在讓人心疼。

而那些無論前方道路如何，無論是否會得到他人的理解，有勇氣結束孤單，只遵從自己內心的女孩，是讓人欽佩的。

那些孤單太久，遇到一點點甜就知足的女孩，其實是愛情裡的英雄。她們心裡明白，自己的選擇能造成的結果，最好的就是「餘生只有你」，最壞的不過是「餘生全是回憶」。不管結局是好是壞，同樣可以讓她們成長。

生活，本來就是一個不停讓人失望，又讓人重新充滿希望的輪迴，在失望和希望中，一個人將不停地成長。

為了幸福而勇敢聽從內心聲音的人，值得被理解。

01 我不要天上的星星，只想要一點世間溫暖

「紅顏彈指老，剎那芳華。我只想在年輕的歲月裡，能被我所愛的人盡早發現，細心收藏。免我驚，免我苦，免我無枝可依，免我顛沛流離。」中國作家匡匡描寫的這種愛情，曾是樂樂所嚮往的。她曾經一度以為自己遇到了真愛，但現在，她卻又開始感到迷茫。

樂樂和男友阿斌是高中同學，也是彼此的初戀。兩人從小都在單親家庭裡長大，不過樂樂的父母是離異，而阿斌則是少年喪父。因為相似的成長經歷，兩人一直惺惺相惜。

高中畢業後，兩人走上了不同的人生道路，阿斌去外地讀大學，樂樂則在家鄉工作，但他們的愛情一直維持著。

阿斌讀大學期間，雖然生活費主要靠自己做兼職賺得，但是這幾年，他每個季節所穿的衣服都是樂樂貼心提前買好寄給他的。對於樂樂多年來的噓寒問暖、關懷備

至，阿斌心裡很感動也很感恩。他曾發誓，這輩子一定要讓樂樂過上富足而幸福的生活。

大學畢業後，阿斌在一家大公司當一名業務。幾個月後，他把樂樂也接了過去，兩人終於結束了遠距離戀愛，過起了朝夕相守的生活。

七年的感情終於盼來團圓的結果，樂樂心中的喜悅無以言表。她覺得自己很幸福、很幸運、很有眼光，愛上了一個能給她幸福的男人。

然而，這種幸福喜悅的感覺，對樂樂來說卻如煙花般，不過是一剎那的絢爛。

02

阿斌是一個事業心很重的人，他每天工作繁忙，到各地出差也是常態。樂樂搬過來一起住之後，他仍然維持這種狀態，每次到了樂樂的生日或是情人節等特殊節日，他也沒時間陪她過，而是直接匯錢給她，讓她自己去買想要的東西。

短短三年，阿斌在市中心買了一棟房子。在外人眼裡，甚至在阿斌的眼裡，他都覺得自己是一個很有責任心、很可靠的男人。但是，這樣一個眼裡只有工作的男人，帶給樂樂的卻只有物質上的寬裕。

樂樂發現這幾年和阿斌坐在一起，好好吃頓晚餐、聊聊天的次數屈指可數。她覺得，這幾年她就過著一種如同「喪偶」般的生活。

她跟阿斌說過數次，他可以用不著這麼拚，但阿斌總是以一句「我這麼拚，就是想讓你過上更好的生活」回她。久而久之，她喪失和阿斌繼續溝通的欲望。

因為雙方家長不停催婚，阿斌也覺得房子有了，結婚所需的物質基礎也具備了，就買了鑽戒向樂樂求婚。然而，原本應該高興的樂樂卻猶豫不決，一直沒有給予正式的答覆。

她愛阿斌，她也相信阿斌對自己的愛情是真誠的。但是，和一個愛她卻不再懂她的男人在一起，樂樂並沒有感受到想要的幸福。雖然住在這個裝潢精美、足足有三百多坪的房子裡，但每晚下班回來，卻總是自己一個人長時間獨處，從未感受到家的歸屬感。

如今，她和阿斌的關係一直處於一種不明朗的膠著狀態。見樂樂不給自己明確的答覆，阿斌問了一次後並沒有再催她，對她的態度似乎也冷淡了一點。倒是樂樂的父親急了，他打電話訓斥樂樂，說阿斌這麼年輕，就有能力在市中心買房子，能嫁給他是她的福氣，叫她千萬不要不知好歹。

03

在不少人的觀念裡，特別是那些「苦」過來的人眼裡，女人如果能嫁給一個經濟條件好的男人，就能稱之為「嫁得好」，不少男人在心裡也是這麼認為的，他們覺得努力替女人創造好的物質條件，讓她過一個經濟富裕的生活，就是愛她的最好方式。這樣的男人，不可否認，確實可以稱得上是個有責任心的可靠男人。

但是，人是有思想、有感情、有精神需求的高級動物。愛情的本質，應該是互相滿足彼此的精神需求。

工作賺錢的目的應該是為了過高品質的生活，而這個高品質，絕對不僅僅是物質層面上的，更應該是精神上的。

有人說過，最好的愛，不是用你喜歡的方式去愛她，而是用她喜歡的方式去愛她。她喜歡吃蘋果，而你卻買了一箱櫻桃；她喜歡和你一起在家做頓粗茶淡飯，而你卻在外應酬後，替她打包一堆山珍海味；她喜歡你陪著她一起牽手散步看黃昏，而你卻只甩給她一張信用卡。

也許，你對她在物質上的大方會讓她覺得感動，但其中一定也夾雜著失望與落寞。因為她會覺得你不再願意花心思去了解她、陪伴她，不再覺得她的心理需求是重要的。

在你的心裡，愛與錢幾乎劃了等號，你認為愛是可以用錢來滿足的。這樣的愛，也許對那些特別重視物質需求的女人來說是夢寐以求。但是，對那些真正相信愛情的女人來說，一定不是她最想要的。

04

有位作家曾說過這樣一句話：「年輕人，應該先謀生，再謀愛。」我很認同這個觀念。

如果愛情在你謀生的階段來了，你要做的，並不是把它趕跑，而是應該在謀生的同時好好經營它。

一份有前途的工作，只要努力，很多人都能得到。但一個真正愛你的人，卻是可遇而不可求的。

因為愛你，才會在乎你的陪伴。因為愛你，才希望你能了解我的想法——我不要天上的星星，只想要一點世間溫暖。能給予我這個溫暖的人，恰恰是你，而且一直是你。

情侶也好，夫妻也好，能夠讓兩人關係越來越穩固的，一定是以對方最需要的方式去滋養彼此。

想把房子變成讓女人有歸屬感的家，那麼這個房子裡的餐廳一定要有歡笑聲，臥室一定要有兩個人的體溫。否則，它永遠只是個讓身體暫時休憩，而靈魂無法安放的「民宿」而已。而民宿裡的那對男女，終有一天會分道揚鑣，成為彼此生命中的過客。

尼采說：「每一個不曾起舞的日子，都是對生命的辜負。」工作再忙、應酬再多、壓力再大，也請偶爾停下來，看看生活的美好、伴侶臉上是否還散發著幸福的光采。

不要明明很努力，卻讓人生漸漸失去最珍貴的東西。餘生，願你珍惜那個「渴望與你立黃昏，願意問你粥可溫」的他或她。

01

所有的無理取鬧，其實只是想要一個擁抱

「愛情裡最難過的，不是沒有和愛的人修成正果，而是愛的人根本不懂我。」這三句話正是小秋現在的心情。三天前，她和相戀兩年的男友大雄剛剛分手。分手是小秋提出來的，在大雄看來，自己沒犯什麼錯，小秋卻無緣無故地和他提分手，簡直不可理喻。所以，他一氣之下就也同意了。

「自己真的很不可理喻嗎？」小秋問自己，而心裡的答案是否定的。所以，她更覺得難受、委屈。

她和大雄的相識其實很美好。兩人的初次見面是在一次同鄉聚會上，當時小秋覺得大雄唱歌很好聽，便對他心生好感。或許是心有靈犀，當時大雄竟主動邀請小秋一起合唱一首情歌，自此，兩人陷入了熱戀。

剛開始交往時，兩人感情很甜蜜，眼裡只看得到對方的優點，都忽視了對方的缺點。但慢慢地，矛盾便開始逐漸浮出水面。

大雄非常熱心，不懂得拒絕異性的要求，哪個女同事要搭他便車或是請他協助接送人，又或是買什麼東西、修什麼東西，他總是很隨和地答應對方，這點讓小秋心裡很介意。

她覺得大雄和異性之間缺乏界線感，所以心裡很沒有安全感。她經常為這些事和大雄鬧彆扭。起初，大雄總是和她講一番大道理，但這些解釋對於小秋來說，一點用也沒有。雖然她知道大雄不至於在感情上出軌，但難保那些受他幫助的女同事不會產生不該有的念頭啊！

後來，大雄因為解釋過太多次，覺得累了，便也懶得再解釋了。

前幾天，他去一個離異的女同事家幫忙修電腦，修好之後，被女同事留在家裡吃了頓便飯。終於，小秋心底的火山爆發了，她歇斯底里地和大雄吵了一架，隨即提出分手。

02

男人和女人是兩種相異的物種。

男人偏理性，喜歡就事論事，和女人講道理；而女人生性柔軟敏感、心思細膩，比起講道理，她更看重的是對方的態度。

因為男女思維方式的不同，所以在兩性相處中，矛盾與摩擦是難以避免的。對於女人來說，真正寶貴的從來不是那些道理，而是希望有一個人能真正懂自己，並且可以溫柔相待，提供足夠的安全感。

有時候，女人會因為意見分歧而和男人吵架，或是向男人抱怨不開心的事。這時，男人認真傾聽的態度是最重要的。如果你能耐心傾聽她內心的聲音，就會知道，她並不是一個不通情達理的人，也不是一個無理取鬧的人，她只是因為你不懂她的心而抓狂。

她要的只是對方重視她的態度，還有一個安慰、一份肯定。

女人有時候很情緒化，她會突然不理你，會變得很莫名其妙，也會變得毫不可愛。這時候，男人一定要理解，此時在你眼裡那個不溫柔、不懂事、不美好的她，往往正處在最脆弱，最需要慰藉的時刻。若此時，她叫你離她遠一點，你千萬不要傻傻地照做，因為她內心潛藏的臺詞是：「快過來抱抱我。」只有你的擁抱，才是治癒她內心那些負面情緒最好的良藥。

03

網路上曾有人發問：「有一個無理取鬧的女友是什麼感覺？」當時，有一個網友是這樣回答的：「她會因爲很無聊的事情跟你吵架。例如，你走她的後面，她會無緣無故地生氣，說你跟一隻狗一樣跟在後面幹嘛。她喜歡挑語病，我每次都會把要說的話在腦子裡想過一遍之後再說出口，但有時候說著說著，她會莫名其妙地發火。她還會打人，我越向她求饒，她就打得越用力，打到趴在地上起不來的那種。問我爲什麼不還手？因爲我捨不得打她，打在她身，痛在我心。想跟她好好談談吧，她就會說：『我就是喜歡把你給我的不開心，好好地讓你自己體會一遍看看。比起你給我的痛苦，我給你的不開心很有可能是兩倍或是十倍，但是可以肯定的是，絕不可能比你給我的少。』有時候我都不知道，跟她在一起是爲什麼，找罪受嗎？我想了想，可能還是愛，放不下吧。」

在感情的世界裡，沒有無緣無故的愛，也沒有無緣無故的恨，自然也不會有無緣無故的無理取鬧。

你覺得她在無理取鬧，其實是你還不夠了解她。她只有在對你抱有不滿或是心裡有委屈，但又不好意思直接說出來的時候，才會用無理取鬧的方式表達出來。

例如根據上述這位網友的說法，在他看來，女朋友就是在無理取鬧，讓他丈二金剛摸不著頭腦。

其實，稍微有點戀愛經驗的人就可以明白，為什麼他的女朋友會生氣。她只不過是想讓男朋友牽著她的手，或是攬著她的腰，兩個人一起並肩走，因為這才是親密的情侶間該有的樣子啊！

所以，女人的無理取鬧，多數是因為男人不懂得女人的小心思而已。

不過，這位網友的女朋友還算是幸福的吧？因為她不解風情的男朋友，最起碼心裡清楚：無論女朋友怎麼無理取鬧，還是愛她的。

04

很多女孩心中都藏著一個公主夢，希望被心愛的人無條件地寵愛，希望成為對方的唯一。她像個天真任性的孩子，放肆地對你笑、對你哭、衝著你叫，因為她的眼裡只有你，也希望你的眼睛永遠只追隨著她。

她所有的無理取鬧，其實只是想要你的一個擁抱，讓她能感受得到你的心跳，讓她能篤定——你是她一輩子可以信賴的依靠。這個無理取鬧的程度，其實取決於她愛你的程度。愛得越深，鬧得越凶，鬧得越歇斯底里。

如果愛她，請不要問她：「你到底想怎麼樣？」更不要責怪她：「你真是個無理取鬧的女人。」你要對她說：「親愛的，我知道你會這樣，都是因為愛我。」很多時候，只要換一種方式，就能化干戈為玉帛，讓愛情可以好好地綻放光芒，消除她心中所有的不安和不滿。

就像某一首歌裡所唱的：「愛我，你就抱抱我；愛我，你就親親我。」懂得在她無理取鬧的時候給她一個表示理解與讓步的擁抱，將愛的能量傳遞給她。此刻，如果她就在你身邊，如果上一秒還氣呼呼地和你起爭執，請不要吝嗇地給她一個溫暖的擁抱吧！

請相信，下一秒，她就能與你和好。

01 你要愛上一個心裡有光的人

「近朱者赤，近墨者黑。」靠近心裡沒有光的人，生活只會跟著一起變得灰暗。

我的一位朋友美娜結婚不到三年就離婚了，那些曾經見證過婚禮的親朋好友們都為此都唏噓不已。

美娜和前夫程先生是大學同學，從同窗變成夫妻，這是多少人夢寐以求的愛情，他倆真的實現了。然而，愛情是美好的，婚姻卻是殘酷的。婚後一年，美娜生了個兒子，因為雙方家長都不方便過來帶孩子，她不得不成了全職家管，每天的生活十分忙碌，並沒有因為孩子的到來而充滿喜悅。

一個人要負責挑起一家三口的擔子，程先生覺得壓力倍增，便萌生了創業的念頭。美娜思想比較保守，擔心沒有創業經驗的他會虧本，到時家裡的經濟壓力會更大，所以並不支持他創業。

但程先生自從萌生了創業的念頭後，便對上班失去了熱情。最終，他不顧美娜的反對，毅然辭職，和一個朋友合夥開了一家小公司。

公司成立後，程先生變得異常忙碌，每天都忙著談業務、喝酒應酬，對於家務事，一點忙都幫不上。美娜心中有不少怨言，但因為全靠程先生賺錢養家，她只好一個人默默承受帶孩子的艱辛。

創業半年後的某一天，程先生垂頭喪氣地告訴美娜，他創業失敗了，不僅血本無歸，還欠了一屁股債。聽到這個消息，美娜心中的焦慮遠遠大於憤怒。她沒有指責程先生，反而選擇安慰他，就當作是花錢買經驗，鼓勵他繼續奮鬥，以後總會創業成功的。得到老婆的安慰與鼓勵，程先生的心情似乎好轉了一些。他準備出去找工作還債，然而，當過老闆的他，已經難以再用一顆平常心去當個普通上班族了。

02

短短四個月內，程先生就換了七份工作，每份工作都是試用期還沒通過，他就不肯再去了。他不是嫌工作環境差，就是抱怨老闆差勁，甚至，有時候是沒有來由地就不肯去上班了。在這段時間裡，美娜覺得日子過得特別煎熬，她很想出去工作賺錢，無奈孩子還小，仍需要她悉心照顧，確實是有心無力。

接連換了七份工作後，程先生沒有再出去找工作，每天宅在家裡玩電動、睡覺，偶爾逗弄一下孩子，成天一副懷才不遇、過一天算一天的模樣。這樣的程先生讓美娜心裡很失望，她很抓狂也勸過他許多次，要他再出去面試、找工作。

程先生剛開始還會敷衍她，再後來，他甚至連敷衍都不願意，直接不出聲，照常玩電玩、睡覺，當作沒聽到美娜的話，如果不是怕嚇到孩子，美娜早就會把程先生給狠狠地罵一頓。

程先生不急著工作賺錢，美娜卻不能不著急，眼看著孩子已滿一歲了，得開始喝奶粉了，身為父母，連奶粉錢都快要拿不出來了，美娜心中的愧疚簡直無法形容。

最終，美娜決定自己出去工作，把孩子交給程先生帶，反正他每天也是閒在家裡，就當作是「廢物利用」吧！程先生對於美娜的決定沒有發表任何意見，他那張麻木不仁的臉上絲毫看不出情緒的波動。美娜看著他的臉，心簡直快要沉到谷底。

在她出去工作的日子裡，家裡一片狼藉，孩子身上總是髒兮兮的不說，額頭上和腿上還總是有大大小小因為摔傷而出現的瘀青。

美娜什麼事都可以忍，唯獨孩子的事她無法再忍。這種每天勞碌奔波，一個人拚命撐起一個家，卻絲毫看不到生活的希望，失望與抓狂的日子讓她心力交瘁。

最後，她向程先生提出了離婚。

03

美娜提出離婚時，程先生沒有絲毫悔悟，仍是頭也不抬地一邊玩電玩，一邊平靜地說：「你就是嫌我窮吧？」

「是，我就是嫌你窮，嫌你心窮，嫌你的心是一個無底的黑洞，老婆孩子都照亮不了你！」努力以平和的語氣說出心聲的美娜，仍然委屈得淚流滿面。擦乾眼淚後，她帶著孩子，毅然決然地離開了這個頹廢的男人，重新開始自己的人生。

我們每個人都在人生路上摸索、成長著，這讓一部分的人變得堅強沉穩，也讓一部分的人變得冷漠麻木。有些人逐漸學會不再為得不到的某個東西或某個人而哭泣，也不再為「得到」而欣喜，他們努力成為一個喜怒不形於色的人，不讓情緒寫在臉上，也不讓別人看到他們心裡的脆弱與苦楚。然而，情緒是需要流動的。只有讓情緒宣洩出來、不堆積垃圾情緒，才能挪出空間讓希望之光照進來，才有機會讓自己的心靈得到滋養。即便心裡的洞很深很黑，只要你願意，就可以讓光照進去，一點一點地把黑洞填滿。等到完全修復後，就有力量建立屬於自己的光芒。

當你可以照亮自己時，就不會再冷漠與麻木，你會變得溫暖而充滿力量，然後用身上的光去照亮身邊的人。

只有讓自己成為一個心裡有光的人，才能感應到世界的絢麗多彩、相互照亮真正的有緣人。

04

我曾看過一個關於螢火蟲和小兔子的童話故事，它讓我大為感動：小兔子和螢火蟲在森林裡玩耍，一個地上跑，一個天上飛。

螢火蟲的光越來越弱了，她害怕地說：「如果有一天，我不再發光了，你還會愛我嗎？」

小兔子指了指天上，笑著說：「沒事，我們還有月亮。」

第二天，陰天，沒有月亮，螢火蟲很難過。

小兔子指了指天上，笑著說：「沒事，我們還有星星。」

第三天，陰天，既沒有月亮，也沒有星星，螢火蟲很難過。

小兔子突然從身後掏出一塊小蛋糕，點上了蠟燭，笑著說：「許個願吧！」

第四天，陰天，沒有月亮，沒有星星，也沒有蠟燭，螢火蟲很難過。

小兔子從口袋裡掏出一個螢光筆，在每一棵樹上都寫滿了「我愛你」。

第五天，下雨，樹上寫的螢光字都沒有了，螢火蟲在一個樹洞裡等著小白兔，可是小白兔沒有來，她有點傷心。

小白兔站在樹下，身邊有一個大大的行李，他抬著頭喊螢火蟲，於是螢火蟲從樹洞裡探出小腦袋。

小白兔笑著說：「走，帶你去看極光。」

螢火蟲開心地笑了，尾巴上的光一閃一閃的，就像漫天的小星星。

心裡有光的人，無論多黑的夜，他都能發現光，找到光，追尋光。愛上這樣的人，或是被這樣的人愛上，是一件多麼幸福而幸運的事。因為他會陪你度過生命中那些灰暗的時光，讓你不再沮喪、對世界充滿希望，也讓你變得和他一樣，成為一個心裡有光的人，既能照亮自己，也能溫暖他。只有愛上一個心裡有光的人，歲月才能生輝，靈魂才能安好。

心裡有束光，眼裡才能有片廣闊的海。

Chapter

10

熱情很脆弱，禁不起一次次的忽略

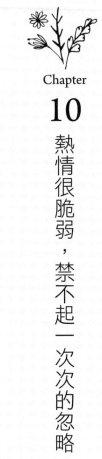

我不敢靠近你，因為你那麼受歡迎

01

電影《大話西遊》裡，紫霞仙子有一句經典臺詞：「**我的意中人是個蓋世英雄，有一天他會踩著七色雲彩來娶我。**」

崔靜曾經也像紫霞仙子一樣，幻想那一位如同蓋世英雄般的意中人，能踩著七色雲彩來娶她。

但是，崔靜的幻想並沒有實現。她曾多次回味和向先生相識的情節，每次回想時，嘴角總是忍不住上揚。

兩年前的一個秋夜，崔靜剛和初戀男友分手，一個人在一家KTV包廂裡嘶吼。唱了二十多首歌，灌了好幾瓶啤酒的她，頭重腳輕地離開KTV，獨自在街頭遊蕩。看著這座熟悉而陌生的城市、霓虹閃爍、萬家燈火，崔靜的心孤寂到了深海裡。濃濃的酒意伴著心中的悲傷與失落，胃如巨浪般翻騰。她蹲在路邊，像是要把心事全都掏空般地嘔吐著。

在崔靜人生最狼狽的時刻，這個留著小鬍子，男人味十足的向先生出現了。他遞了兩張面紙給崔靜，默默地等她擦完臉上的眼淚、鼻涕和嘴角的嘔吐物後，從車上拿了一瓶礦泉水給她漱口。等崔靜收拾完之後，又堅持送她回家，說一個女孩子這麼晚在街上不安全。

崔靜不認識向先生，自然不好意思坐他的車。向先生笑著告訴她不要擔心，他們在同一棟辦公大樓上班，之前在電梯裡偶遇過好多次。崔靜才依稀覺得眼前這個牙齒潔白、笑容溫暖的男人，確實有些面熟。

02

崔靜上了向先生的車，坐在副駕駛座上。

一路上，她都靠在車窗上，眼睛呆呆地望著窗外的夜景，沒有開口說話。向先生也很善解人意地沒有多問。

到了崔靜住處樓下，兩人還留了彼此的聯絡方式。當然，這是向先生提出的，崔靜也沒有拒絕。在這之後，兩人就算是朋友了。

說來也奇怪，那晚崔靜只覺得向先生有些面熟，可能真的曾在電梯裡遇過，但次數絕對不多，不然，她對他的印象應該很深。畢竟在那棟大樓裡，留著小鬍子的男人真的不多見。

那晚之後，崔靜發現她經常能遇到向先生，要嘛在電梯裡，要嘛就是在辦公大樓對面的餐廳裡。如果是在人少的時候碰見，他們會互相打一聲招呼，再寒暄個一兩句，人多的時候，他們就彼此微笑地點頭示意。

這樣的日子持續了一段時間，崔靜恍然發現，她竟在不知不覺中，走出了失戀的傷痛，現在竟然開始期待和向先生的偶遇。

崔靜知道自己喜歡上這個在她最難過的時候，給了她一絲溫暖的向先生。因為喜歡，所以總是會情不自禁地關注，也因為如此，所以越來越不可自拔地喜歡著他。

或許是念念不忘，必有迴響。

有次下班，兩人在電梯裡偶遇，向先生笑著說想請她一起吃頓晚餐，崔靜紅著臉答應了。

共進一次晚餐，在街上一起散步後，崔靜和向先生的關係上升到了「朋友之上，戀人未滿」的曖昧階段。

03

在那之後，從沒有在社群軟體上閒聊過的兩人，開始在睡前會時不時地閒聊一番，從工作聊到夢想，從夢想聊到感情。

雖然向先生沒有明確說過要崔靜當他的女朋友，但在崔靜心裡，已經不知不覺地以向先生的準女友自居了。

當一個女人把一個男人視為自己的專屬時，心就會變得格外敏感。

崔靜慢慢發現，幽默風趣的向先生「女人緣」特別好。好幾個中午，她和同事在公司對面的餐廳裡吃飯時，發現向先生總是和身邊的女同事歡聲笑語不斷，好像情侶間打情罵俏一般，完全沒有注意到此刻正坐在不遠處偷偷關注著他的崔靜。她還發現，向先生下班時，經常讓一些女同事搭他的便車。

崔靜在同事間的八卦中得知向先生在他的公司裡工作能力強，人緣也很好，特別受女同事的歡迎之後，心裡有種很失落的感覺。

於是，她開始有意地疏遠向先生。

在辦公大樓遇到向先生時，她總是跟他輕輕地點頭示意，就迅速移開目光，不與他多交談，也不再答應他的邀約。

向先生傳訊息給她，她也總是故意很慢地冷淡回覆一句。

聰明的向先生，自然感受到崔靜對他的疏遠，被委婉拒絕了兩次共進晚餐的邀約後，他也對崔靜冷淡了下來。

一段曖昧的關係還沒有來得及向前走一步，就這麼黯然地落幕了。

一年多以後，一個亭亭玉立的長髮女孩在公司大樓門口等向先生下班。他出來時，寵溺地揉了揉她的頭髮，女孩隨即嬌羞地挽著向先生的手臂，兩人有說有笑地離開。

看到這一幕，崔靜的眼淚還是忍不住溢滿了眼眶。她知道，一直到如今，都沒有真正放下對向先生的那份情愫。她覺得自己就像一隻鴕鳥，遇到喜歡的人，只會把頭埋進沙裡，不敢正視，更不敢去爭取。

如今，看到他喜歡上別人了，她覺得既難受又嫉妒。

04

這一生，我們總會遇見一些人、喜歡上一些人，然後又選擇放棄、遠離這些人。

有些放棄，你會覺得是一種灑脱，而有些放棄，你會覺得是一種懦弱。其實，無論是哪種，一個人當初能讓你做出不再向前發展的選擇，那他一定不是那時的你認為最合適的人。這個人身上一定有你無法接受的地方，才會讓你在權衡利弊後，選擇放棄。這種放棄其實是替人生提前止損，並不是一種膽小的行為。

任何一段感情，如果在還沒開始前就讓你患得患失，毫無安全感，一旦真的開始後，它往往只會讓你更加沒有安全感。

亦舒說：「人緣太好的人不適合做知己，因爲他對誰都很熱情，你根本分不清他的熱情是眞心的，還是有作秀的成分在。」

愛情其實也是一樣，異性緣太好的男人真的不太適合做戀人，因為他對誰都很熱情，你根本分不清那到底是愛情還是交情。

這樣的男人在與異性相處時，往往缺乏應有的界線感，會為愛情製造隱患。

遠離這樣的男人，其實是為自己的人生規避風險，根本沒有什麼值得懊惱的。你之所以會覺得難受、嫉妒，只是因為你還沒有找到屬於自己的幸福，並不是因為錯失了一段刻骨銘心的愛情。

逝去的人和情可以懷念，甚至可以讓自己任性地沉溺在其中一段時間。但是，在這之後，請相信好的愛情一定會在恰當的時間到來，那些錯的人離開，都是在為對的人來臨前而讓路。

餘生還很長，對待愛情，不必悲觀也不必慌張。**終有一天，在茫茫人海之中，會有那麼一個人，他的熱情只屬於你。如果遇到這樣的他，就請勇敢一點，向前走一步。**

01 心裡很冷的人，只要一點暖就行了

「總有幾分鐘，其中的每一秒，你都願意拿一年去換取；總有幾滴淚，其中的每一次抽泣，你都願意拿滿手的承諾去代替；總有幾段場景，其中的每一個畫面，你都願意用全部的力量去銘記；總有幾句話，其中的每一個字眼，你都願意拿所有的夜晚去複習。」每次翻開張嘉佳《從你的全世界路過》，看到描寫初戀的這段話時，小葵的心總是一陣顫動，眼睛瞬間變得模糊。她恨自己不爭氣，又想起那個早就視她為路人的他。

從小到大，小葵都不是一個功課很好的聰明孩子，但是她長得很漂亮。然而，美麗的容顏並沒有為她帶來不錯的人緣，一直有同學會在私底下叫她「花瓶」——就是中看不中用的意思。

當小葵第一次聽到同學們在背後這樣稱呼自己時，她悄聲地哭了出來。後來，她變得越來越內向，不喜歡與人打交道，成績也始終沒有起色，後來勉強地考上一所

普通大學。

讀大學時，她與室友的關係並不親密，經常獨來獨往。期間也有一些男生追求過她，但都被她高傲的態度擊退了。在同學眼裡，小葵是一個孤傲的人，但只有小葵自己清楚，她確實是孤但不傲。

大學畢業後，小葵去南部工作。第一份工作，在一家公司裡當行政人員。部門裡除了她，其他全部都是男同事，所以大家都對她很不錯，再加上她很勤奮好學，對待工作認真積極。半年後，工作表現出色的小葵便被總經理升為特助，位置也搬到了總經理辦公室裡。

02

一個畢業不到一年的漂亮女大生，在這麼短的時間內就升官，讓那些心眼小、口舌多的人開始心生惡意地揣測。同事們表面上看似對小葵很客氣，但私底下對她的評價卻很不堪。

處在這樣的一個工作環境下，小葵不是沒想過辭職。但轉念一想，離開這個環境，到下個環境說不定還是會這樣，於是她打消了離職的念頭。

在這間公司兩年多以來，小葵沒有交心的朋友，也沒有知心的戀人，活得像個獨自行走在寒冷冬夜裡的人，一直緊裹著身上厚厚的外衣，孤單地向遠方前行。

就在她已經習慣獨來獨往的生活時，阿黎出現了。

阿黎是公司新來的電子工程師，個子高大、戴個眼鏡、斯斯文文的。他第一次見到小葵時，便體會到什麼是「一見鍾情」。不過，剛進公司的阿黎明白必須先以工作為重，所以並沒有貿然對小葵展開追求攻勢。

幾個月後，公司舉辦聖誕晚會，阿黎在當晚演唱了一首歌。他的聲音很有磁性，唱得也很有感情。小葵就是在這個時候注意到他，也莫名地對他有一絲好感。

「一曲定情」，形容的就是阿黎和小葵之間的緣分。阿黎在臺上唱歌時，一眼就發現坐在離舞臺不遠處的小葵聽得很投入，眼睛裡似乎還有晶瑩的淚光在閃爍。那一刻，他下定決心要走進這個高冷女孩的心。

他做好了心理準備，知道自己一定會需要花很多心思才能得到她的芳心。但沒想到，當他第一次約她一起出來散步聊天時，她竟然爽快地答應了。

愛情來得如此之快，讓阿黎始料未及。

03

在一個寒冷的冬天裡，他們確定了彼此間的心意。

阿黎牽著小葵的手，吃了好多攤美味的小吃，看了好多場愛情電影，說了好多句動人的情話。他們一起甜蜜地感嘆著：原來，愛情真的可以讓冬天變得暖和。

只是，他們完全沒有料到，來得太快的東西，消失得也快。

在冬天快要過去、春天將要來臨時，阿黎就對小葵逐漸冷淡了下來。他開始頻繁地加班，不再有時間和小葵約會，她在通訊軟體上和他聊天，他的回覆也總是很敷衍。任何感情，只要一方開始懈怠了，另外一方的心一定也會跟著慢慢冷卻。

在夏天還沒有到來時，小葵主動向阿黎提分手。她以為阿黎會挽留，然而他卻只淡淡地回了一句：「好，我尊重你的決定。」講完便掉頭就走。

看著阿黎沒有回過頭的背影，小葵才確信他其實早就在等她主動提分手。

多麼不堪一擊的愛情。

後來她才知道，只是因為有次她陪總經理參加應酬時喝醉了，總經理叫司機背她上樓回租屋處，他以為兩人有發生什麼不正常的男女關係，所以對她的感情便瞬間消失了。

即使如此，她卻做不到恨他，更無法忘記他。她反而對自己比較生氣——當初太容易被對方得到，所以才那麼快不被對方珍惜。

這樣的想法折磨了小葵很久，直到她辭職離開了那家公司，依然無法釋懷。

04

人生如路，路上的風景，有荒蕪也會有繁華。走過太多荒蕪之路的人，初遇繁華時，心一定會情不自禁地全然敞開，忘我地欣賞這繁盛之景。就如同一個心冷了很久的人，只要別人給她一點點暖，就能讓她感動，卸下所有的防備。

這沒有什麼好丟臉的，相反地，這恰恰證明了她其實是一個擁有愛的能力的人。哪怕愛的能力發揮在一個錯誤的人身上，那又何妨？青春就是用來體驗愛的。愛過錯誤的人，才更能懂得如何愛上對的人，如何和對的人好好相愛。只是，在下一次愛情到來前，你最需要學會的，是如何愛自己、溫暖自己、接納完整的自己。

接納自己的聰明，也接納自己的愚笨；接納自己的感性，也接納自己的理性；接納生命中那些擁有，也接納生命中那些失去。

在愛情的路上，很少有人不曾莽撞地去愛，不曾懵懂地前行，不曾受過傷，不曾流過淚。那些早已散落在天涯，無法再追逐的背影，曾經相愛又相惜的伴侶，曾經溫暖過彼此的心靈……對這些陪你走過一段人生路，看過路上的風景，讓你慢慢學會成長，學會如何去愛的故人，與其刻意忘記，不如心存感激吧！如此，才不辜負人生路上的每一次遇見。

01 你對我愛理不理，所以我也沒必要奉陪到底

「我能想到最浪漫的事，就是和你一起慢慢變老，一路上收藏點點滴滴的歡笑，留到以後坐著搖椅慢慢聊。」這幾句歌詞，唱出了顧瑤心中嚮往的愛情模樣。

顧瑤和林森是同一屆的大學同學，讀大學時，兩人並不認識。畢業後的第一份工作，兩人剛好在同一家公司裡的同一個部門上班。世界那麼大，因為有緣才能在同一個地方相遇，所以，他倆成為戀人幾乎是順理成章的事。

戀愛時，兩人有很多共同話題，光是聊校園往事就能聊兩三個小時，時常捨不得結束話題。

中國作家劉震雲在〈一句頂一萬句〉這篇小說裡，寫過這麼一句話：「世上的人遍地都是，說得著話的人千里難尋。」顧瑤覺得很慶幸，遇到一個和自己有話聊，而且也聊得來的林森。在他們戀愛的兩年時間裡，兩人一直都是甜甜蜜蜜的，簡直是同事們眼中的模範情侶。在顧瑤覺得兩人年紀差不多，感情也穩定了，開始萌生

結婚的念頭時，林森卻被調到分公司去擔任一個部門的主管。

顧瑤不希望林森過去，但這個外派對他來說卻是升遷，事業心很強的林森當然不想錯過這麼難得的機會。所以最後，他在顧瑤依依不捨的目光中，去了分公司。

以前朝暮相見的人，如今卻只能在手機裡聽對方的聲音，這樣孤單的日子讓顧瑤很不適應。相隔兩地半年後，顧瑤和林森說她想辭職到他所在的城市工作。林森稍微猶豫了一會兒後，最終還是同意了。

一個月後，顧瑤拖著一個銀色行李箱，帶著滿腔的思念與憧憬來到林森所在的城市，與他團聚。

02

兩人分開了這麼久，再次相聚，簡直是小別勝新婚。只是，這「新婚」的熱度沒幾天就過去了。林森真的很忙，忙到沒有時間陪顧瑤。

在這座陌生的城市裡，顧瑤找工作找了十幾天，才終於找到一個行政人員的職位，而且這份工作的薪水與她上一份工作的差了一大截。不過，看在公司離她和林森的住處不遠，以及自己找工作也找了這麼久的分上，還是決定先做做看。

新工作塵埃落定後，他們的生活便逐漸進入一個比較穩定的模式。不過，這個所謂的穩定，卻不是顧瑤內心所期望的。

林森一如既往地忙著加班、應酬、考核升遷。他的髮際線不知從什麼時候開始變得比以前還要高了，肚子也不知從何時開始微微凸出；他跟人說話的語氣，更不知道從什麼時候開始，透露出一種優越感。

是啊，大學畢業才幾年就成了分公司的副總，他怎能不感到優越？只是，他的優越感不該用在女友身上。每次顧瑤主動跟他說話，他總是「啊」「嗯」「哦」地敷衍她，眼睛盯著自己的手機，頭也不曾抬一下。做家事、散步或是看電影，這些在顧瑤看來能增進兩人感情的事，林森早就懈怠了，他不願意再花心思做了。

一個週末夜晚，顧瑤在拖地，林森坐在沙發上玩平板，顧瑤叫他把腳抬起來一下，他當下沒有抬，顧瑤又叫了一聲，他依舊像沒聽到一樣，滑著手中的平板。終於，顧瑤爆發了，她強忍著心中的憤怒，努力讓自己平靜下來，跟林森提分手。

林森好一會兒後才抬起頭，用看怪物一樣的眼神看著她，然後笑著嘲諷她一句：「你是閒到在發神經吧？」這樣的林森讓顧瑤感到陌生。她知道，眼前這個男人再也不是自己當初愛上的大男孩了。

03

第二天，顧瑤連當月的薪水都不要了，打電話向新公司辭職後，便拖著來時的那個銀色行李箱，頭也不回地離開這個讓她感到孤獨和失望的城市。

這段維繫了四年多的愛情就這麼結束了。

他們的一些共同朋友都說她太衝動了，因為這麼一點小事就和林森分手，放棄這一段維持好幾年的感情，太可惜了。但只有顧瑤自己心裡清楚：冰凍三尺，非一日之寒。

過去兩年的時光，心中所累積的失望，早就讓她沒有繼續愛下去的動力了。她並不後悔離開這個不懂得尊重她、對這段關係已經喪失熱情的男人。

一個男人愛你，一定會尊重你，這是愛一個人的前提。如果一份愛連最起碼的尊重都沒有，這樣的愛沒有哪個人能接受。尊重一個人就意味著無論你們的工作或收入有多懸殊，兩人始終是平等的，不會在另一半面前擺出一副高高在上的優越感。

他尊重你，才能懂你；你訴說，他會耐心地傾聽；你詢問，他會認真地回答，永遠不會以敷衍的態度來對待你；你把目光投向他時，他也會立刻把目光投向你。

任何一段感情裡，如果沒有彼此的尊重，沒有良性的互動，都不可能走得長遠。

有人也許會這樣說：「在感情裡，男人總是比女人成長得慢一點，女人需要給時間讓男人慢慢成長。」但是要知道，每個人的耐心和熱情都是有限的。沒有任何一個人能像一個電動馬達一樣，只要按下開關，就能不知疲倦，永遠不停地轉動。

愛情說到底是一個自私的東西。再強大的女人，內心也有脆弱的一面，也渴望得到伴侶的關注、關心和愛護。

04

獨角戲太淒美也太傷人。沒有一個女人願意在兩人世界裡唱一輩子的獨角戲。體驗過各種孤獨滋味的人大概都深有體會：人生最大的孤獨，是你愛的那個人，讓你感到孤獨。

如果真的愛上這樣的人，女人此時需要做的，不是繼續在這種孤獨裡卑微地活著，而是該停下來仔細想想，自己愛的這個人，是不是值得自己繼續愛下去。

你永遠叫不醒一個裝睡的人。在愛情裡，只要有一個人在「裝睡」，另一個人再怎麼努力，也很難體會到什麼是幸福。與其在毫無營養的愛情裡備受煎熬，不如選擇趁早放手。每段人生都很寶貴，沒有幾個人能真正做到無怨無悔地把自己寶貴的時間和精力，浪費在一個總是無視自己的人身上。

他無視你，你還死心塌地地對他好，這樣的結果只會是讓你心裡越來越不平衡、怨氣越來越重，最終完全喪失自我，成為一個連自己都討厭的人。

我曾在一本書上看到過這樣一句話：「如果你不想年老時後悔自己做過的決定，就請在討好別人之前，先討好自己。」**人生苦短，而且僅有一次，應該把對自己好、讓自己開心排在第一順位**。

我很欣賞中國演員馬伊琍說過的一句話：「我可以寵你，也可以休了你。」在愛情裡，任何一個女人都應該有這樣的骨氣。**不必討好那些對你愛理不理的男人，更不要和這種男人奉陪到底**。**餘生，去愛那個能讓你快樂的人**，如此一來，才不枉來人間走一遭。

01 我有時冷漠，只不過是想要多一點的溫柔

連下了兩天的雨，終於在週末清晨，太陽露出了柔和的笑臉。推開玻璃窗，一股清爽的風吹進臥室，瞬間一屋清新。天氣如此好，小蕾的心情卻反而跌落到谷底。她和男友已經冷戰三天了。這幾天，男友都在他哥兒們家住，除了中間回來拿過一次換洗衣物和充電器外，連一通電話都不曾打給她過。

小蕾是一個不喜歡孤獨，更不喜歡冷戰的人。但是，和男友交往兩年以來，他們卻經常吵架和冷戰，很多時候她都不記得當初到底是為了什麼事而吵架。

說起來還真可笑，不記得因為什麼事而吵架，就代表根本不是什麼重要的事，但是，他們卻經常為了一些不重要的事，相互賭氣，進而好幾天都不說話，既不聯繫，也不見面。

不過，說起這次冷戰的起因，小蕾卻記憶猶新——她額頭上的擦傷時刻提醒著她，這幾天發生了什麼不開心的事。

那天，她很晚才回家，男友正坐在電腦前玩遊戲，看到她回來，就抬頭瞄了一眼，說了一句：「回來了。」然後就沒再理她，繼續玩遊戲。

小蕾的額頭因為擦傷而破皮了，雖然用瀏海遮住了一些，但只要稍微走近一點就能看出來，而男友卻絲毫沒有察覺，也沒有發現小蕾的心情和她的額頭一樣狼狽。看到男友根本沒注意到自己受傷，更沒注意到自己此刻低落的情緒，小蕾很失望。她一句話都不想跟男友講，洗完澡後就到臥室裡睡了。

男友打完遊戲進到臥室後，問了小蕾一聲：「你睡著了嗎？」小蕾怒氣還沒有消，所以沒有回答他，但翻了一下身。男友見小蕾聽到他的話後翻了個身，就知道她一定還沒睡著。雖然她還沒睡去，但卻不理他，男友也有點生氣，兩人背對背地睡了一夜。

02

第二天早上，小蕾繼續不理男友，他覺得莫名其妙，便問小蕾怎麼了。

小蕾氣得掀開自己的瀏海，沒好氣地說：「我額頭擦傷了，心情不好，你沒看到嗎？」這時，男友才注意到小蕾額頭上的傷痕，但看上去也不是很嚴重，就輕描淡寫地說：「過幾天傷口不就會自己癒合了嗎？」

「我不想跟你說話了！」聽到男友一句詢問和關心的話都沒有，還一副好像她很小題大作的樣子，她就更氣了。

男友覺得小蕾就是把他當成情緒垃圾桶，什麼火都朝他發，覺得很莫名其妙，而且也不是他把女友的額頭弄成這樣的，再者，傷痕又不明顯，用瀏海遮一下就好了，有必要發這麼大的脾氣嗎？

於是，他也生氣了，一大早便一個人出門上班去，而不是像從前一樣，等小蕾一起出門。晚上回來時，看到小蕾一臉冷漠，一副不想跟他說話的樣子，便賭氣地拿一套換洗衣服和充電器，出門前丟下一句「今晚睡朋友家」，便頭也不回地走了。

小蕾覺得自己很委屈。

原來，那天她辛苦加班設計出來的圖，被上司一句話就全部否決了，還把她的案子分給一個資歷尚淺的漂亮女同事。下班後，心情壓抑的她一個人在街上遊蕩了好久。走累了，就自己到路邊攤點了一份炒麵，喝了一瓶啤酒。

回家的路上，穿著高跟鞋，同時又有點微醺的她，不小心在路邊跌倒，所以額頭因此破皮了。身上其他地方雖然沒有明顯的外傷，但有些地方卻隱隱作痛著。

一身狼狽地回到家後，男友卻一點都沒有察覺到她的異常，她心裡有多麼酸楚、多麼失望，小蕾已經不想形容了。

03／

平常兩人吵架的時候，男友總是抱怨小蕾，說她任性、愛耍脾氣、心情陰晴不定，經常讓人覺得莫名其妙，不知道哪裡得罪了她。以前聽到男友這樣評論自己，小蕾會更加生氣地和他吵，後來聽多了，就不再吵了，而是改為「冷處理」。而她的冷漠在男友看來就是脾氣不好、難伺候。但是在小蕾的內心深處，卻有一句始終說不出口的話：「我並不難伺候，我只是想要一點溫柔。」

「當我加班的時候，我希望你可以打個電話，關心我一下，叮囑我忙完早點回家；當我晚回家的時候，我希望你能主動問我『累不累，吃飯了嗎？』；當我不理你的時候，我希望你能多問一句『親愛的，怎麼了？今天心情不好嗎？』

也許我不會把在外面受到的所有委屈都向你傾訴，但是，當我聽到你這些溫柔的話語時，那些委屈便不會再侵蝕我的心。

但是，你卻不懂，一點都不懂。在你心裡，只覺得我是一個脾氣不好的女人。每次我們吵架，陪伴我的，只有冰冷的背影或是空蕩蕩的房間，從來就沒有什麼溫情可言。

我覺得你已經不像當初那樣愛我了，我時不時的冷漠，不過就是想印證你是否還愛我。如果你能對我釋出多一點點細心、耐心和溫柔，我一定不會變成一個脾氣不好，經常莫名地向你發火，跟你冷戰，一點都不可愛的女人。」

和自己的內心進行一番對話後，小蕾更是覺得委屈，眼淚瞬間溢滿眼眶。

在愛情裡，最可悲的就是你愛的人不懂你，所以在他面前，你並不是那個最真實的自己。

04

在都市裡，很多成年人都像小蕾一樣，習慣把自己的心包裹得緊緊的，習慣用禮貌而疏離的態度對待他人，不輕易讓別人窺探到自己的內心。你看別人是冷漠的，別人看你也是冷漠的。甚至在最親近的人面前，你也習慣了偽裝——偽裝堅強、偽裝冷漠。

因為你會害怕，怕你的柔軟換不到對方的柔軟，你的熱情換不到對方的熱情，你的脆弱換不到對方的理解和關心。

你怕失望、怕受傷。所以不敢輕易卸下堅硬冰冷的外殼，因為那是你最後的保護傘。只是，他們不知道的是，那把看起來無比堅固的保護傘，其實不堪一擊。只要給你一點溫柔，就能令你動容，就能啟動你內心所有的柔軟。

《蠟筆小新》裡有一個片段，小新媽媽不小心把小新爸爸的薪水弄丟了，小新爸抱著妻子安慰道：「原來只是這點小事，錢我再努力賺就好了啊！」性格一向強勢的小新媽媽聽到丈夫溫柔的話語後，就像個犯錯的孩子一樣，縮在他的懷裡，愧疚地說著對不起。

所以，哪有什麼一向強勢或難伺候的女人？她只不過是還沒遇到一個能讓她變得柔軟、溫柔的人而已。只要對她溫柔以待，她就會瞬間成為一個可愛得讓人心疼的小女孩。就像歌手馬兆駿在〈我要的不多〉裡所唱的：「**我要的不多，無非是一點點溫柔感受。我要的眞的不多，無非是體貼的問候，親切的微笑，眞實的擁有。**」

一個電話或一個擁抱，一句「我愛你」或一句「對不起」，就能卸下她偽裝的冷漠。

Chapter

11

你想要真實，卻沒人給你真實的力量

你明明想說「我不願意」，卻說出了「好」

01

「也許有一天，當你長大了，因爲受過太多傷，所以再也不會熾烈地愛一個人。」曉溪在一本書上看到這段話時，內心一顫，因為她發覺自己對李亮的愛早已不像當初那般濃烈了。這意味著自己已經長大了，有足夠的力量離開他了嗎？她也不確定。但是能夠確定的是，這三年多以來，和李亮在一起，她過得一點都不開心。

當初，是她主動先向李亮表白的，結果，就因為她是先表白的那個人，並且是愛得比較多的那方，所以，在他們後來的相處中，她一直處於被動的位置，甚至可以說是完全沒有地位。

她喜歡穿亮色系的衣服，覺得很有朝氣，但李亮總是叫她穿黑白色系的，他說這是經典色，看起來更有職場女性的幹練感。

她喜歡穿低跟鞋，覺得走起路來比較舒服，但李亮總是叫她穿高跟鞋，說個子高，走路才有氣質。

她喜歡清湯掛麵的長直髮，覺得比較好整理，但李亮卻叫她去燙個捲髮，說捲髮更有女人味。

諸如這種改造她、特別大男人主義的事還有很多。每次曉溪都想說「我不要」，但最後都只能強顏歡笑地從牙縫裡擠出一個「好」字。

他們在一起兩年後，有次曉溪無意間翻到李亮前女友的社群網站。

她把他前女友的社群網站徹底瀏覽過一遍才知道——李亮對她所有的改造，都是比照前女友的模樣進行的。

自己成了前女友的替代品，還有什麼比這更可悲的嗎？當然有。

02

更可悲的是，得知真相的曉溪，最後連質問李亮的勇氣都沒有。在強顏歡笑地說出了無數次「好」之後，曉溪終於向李亮提分手。

在這段愛情裡，一直處於主導地位的李亮，可能根本沒想到曉溪會跟他提分手。

他不屑地回道：「分就分。像你這樣的人，走在馬路上，不過就只是一個沒有回頭率的路人罷了。」

因為這句話，曉溪又退縮了。兩人冷戰了幾天後，依舊沒有走上分手一途，反而又再度回到從前的相處模式。這次的分手風波並沒有讓李亮覺得要好好把握和曉溪之間的感情，相反地，他更加不珍惜她了。

很多時候，曉溪很瞧不起自己。但是，一想到要徹底結束這段感情，她又缺乏勇氣，畢竟自己年紀也不小了，長相普通，工作也一般，實在沒有什麼特別的優勢。而且最重要的是，她對李亮還有感情。

伴隨這樣的糾結，曉溪和李亮居然步入了婚姻殿堂。在感情世界裡如此不對等的兩人，婚姻會變成什麼樣子，可想而知。婚後，曉溪在李亮面前仍然是那個沒有地位、甘心委屈自己的人。有時，她也嘗試反抗李亮那些不合理的要求，但每次李亮總是把「離婚」掛在嘴邊，逼得曉溪只好妥協。不過，有些話說多了，真的很容易變成現實。

婚後半年，趁還沒有孩子，曉溪跟李亮離婚了，而且是她主動提出來的。

03

在感情裡，被愛的人總是有恃無恐，愛人的人總是卑微如泥。

沒有人喜歡在愛人面前說違心的話、做違心的事。所有的違心，不過都是因為愛得比對方多，所以才願意遷就對方、委屈自己。只要對方開心，便覺得自己的妥協都是值得的。

然而，沒有任何一個人願意在朝夕相處的愛人面前，偽裝一輩子。

總是偽裝的人，終有一天，身體也會抗議的。這就好比在炎熱的夏天裡，如果你讓一個人一直穿一件密不透風的厚衣服，誰受得了？當熱度達到極限時，他就只想脫掉身上的束縛，好讓自己透透氣，不然遲早會中暑。

曉溪的幾個朋友聽說是她主動提離婚時，簡直都嚇壞了，說她既然要「閃離」，當初為什麼還要和他結婚呢？就這樣白白替自己貼上一個「離過婚」的標籤，多吃虧啊！

對此，曉溪一笑置之，不想多解釋。

因為她知道，有些路只有自己親自走一趟，才不會不甘心；有些苦，只有自己親自嘗一下，才知道是什麼滋味。所以，結婚半年就選擇了離婚，真的沒有吃到虧，相反地，她還覺得很慶幸，因為人生及時止損了。

一輩子那麼長，或許可以委屈個幾年，甚至十幾年。但是她知道，如果委屈自己一輩子，要她一生都在說謊，做個不開心的自己，那麼等到人生結束那天，她一定會為這樣的人生感到遺憾。

04

人的一生或多或少都說過一些謊話，做過一些不想做的事。

有時，明明過得不好，當親人朋友們問起，你還是會說：「別擔心，我很好。」

有時，明明不願意加班，老闆一通電話打來，你還是會說：「我馬上過去。」

有時，明明很生氣，你卻裝出一臉平和。

有時，明明想哭，你卻露出一個笑臉。

你明明希望別人多愛你一點，但到最後卻總是把自己的愛都給了別人，就是捨不得多給自己一些。其實，這也沒有什麼好壞對錯，只要你覺得這樣做會更開心就夠了，不必糾結，繼續這樣也無妨。但如果你覺得這樣做會越來越不開心，急切渴望地想做回真實的自己，那麼，就請聽從內心的聲音，別委屈自己，勇敢地說「不願意」「不好」「不行」「不可以」……

你會發現，按照自己的真正想法把情緒表達出來，後果並沒有你想的那麼糟，甚至還會讓你覺得豁然開朗，渾身充滿力量。

中國現代文學家巴金說：「生活在這世界上，就是爲了來征服生活的。」

如果沒有人幫助你征服生活、給予你勇敢做自己的力量，要記得，你還有自己。

要相信，你可以大聲說「我不願意」，並能承擔得起說出這句話的任何結果。

你更要相信，真正愛你的人，不只是愛那個說「好」的你，也會愛那個說「我不願意」的你。

這樣的愛，才是完整的；這樣的愛人，才是值得珍惜的。

01 你沒經歷過我的生活，請不要指責我

世界上沒有一個人永遠不會被詆毀，也不會有人會永遠獲得盛讚。只要能寵辱不驚，對於去留無意，生命自然可以達到雲淡風輕的境界。然而，紅塵俗世中，能做到這樣的人，終究寥寥。

劉芳工作很勤奮，為人很熱情，所以在公司裡的形象很好。但最近她覺得女同事們好像都有意無意地在疏遠她，有時還會有幾個人背著她竊竊私語，一旦看到她走向她們，便會馬上散去。

心裡充滿疑惑的劉芳忍不住跟其中一位同事打聽，問她們最近都在聊什麼？是公司有什麼新的政策嗎？

這位同事這次不像平常一樣，什麼都願意跟劉芳聊，反而有點尷尬地回答她：「沒聊什麼啊！」說完就馬上走開了。同事們突然冷落自己，讓劉芳心裡感到十分鬱悶。

某一天中午，因為沒什麼胃口，她在員工餐廳吃了幾口飯後就回到了辦公室。離午休結束還有一段時間，她去了趟洗手間，正準備開門出來的時候，聽到有兩個女同事邊走邊聊天地進來洗手間。

A同事說：「我之前還想把我弟弟介紹給她呢！幸好沒有，差點就被她騙了！」

B同事說：「對啊！看她平常一副清純的樣子，沒想到居然離過一次婚，兒子也才幾歲，這種女人，又自私又狠心，不能深交！」

「是啊，明明都已經生過一個兒子了，履歷上竟然還寫『未婚』！平常也從沒聽她聊過前夫和兒子，我還以為她真的是個小女孩呢！」

聽到這兩個女同事的談話，劉芳的雙眼悄悄地流出了兩行眼淚。她終於知道為什麼最近女同事們都開始疏遠她了。

02

劉芳一直待在洗手間裡，等到這兩個女同事離開一陣子之後，才擦乾眼淚，打開門走出來。

回到辦公室後，她的心情始終不能平復下來。往事不堪回首，但今天，卻逼得她再次撕開藏在心底的傷。

二十二歲在一家小公司當業務時，劉芳認識了一個整整大她十歲的男人，她親暱地稱呼這個男人為「大叔」。大叔很會說甜言蜜語，涉世未深的劉芳很快便被他俘虜，成了他的小女友。兩人在一起三、四個月後便結婚了，她很快地就也懷孕了。到了懷孕中期，大叔把劉芳送回他的老家，叫他父母幫忙照顧。幾個月後，劉芳順利生下了一個可愛的兒子。

兒子滿十個月後，劉芳回去和大叔團聚後才知道，原來，他在外面一直「拈花惹草」，那些「野花」裡，只有她肯為這名玩世不恭的男人生孩子。

劉芳憤怒地向他提出離婚，並說要帶走兒子。誰知道高一尺，魔高一丈的大叔早就提前通知了他的父母，先把孩子送到親戚家，讓劉芳撲了個空。

劉芳的父母得知女兒遇人不淑後，心裡很難過。但他們還是很理智地勸她，不要再爭孩子的監護權了，讓他跟著爺爺奶奶吧！畢竟是親骨肉，他們不會虧待他的。以後如果她有能力了，再把孩子要過來也可以。

劉芳冷靜思考後，覺得父母說得對，她沒房子、沒工作、沒存款，要拿什麼來養孩子？所以，之後幾年，她很努力地工作賺錢，就是為了早日爭取到孩子的監護權，而那些八卦的同事們卻以為她自私又虛偽。

有誰知道，她曾在無數個深夜裡，為自己當初的年少無知和無法見面的孩子，默默流過多少由悲傷與悔恨交織而成的淚水？

03

世上最無知的一種人就是不知道別人經歷過什麼，就隨便品頭論足，指責別人。

一位七十多歲，風趣幽默，同時又散發著文人氣息的大學教授，在學生畢業前的最後一堂課裡，向他們講了一段自己的經歷。

老教授說，他剛出社會工作時，被一個學生誣告，不但失去了工作，還被打斷了一條腿。他的新婚妻子因為不堪忍受自己無辜遭到牽連，最後選擇改嫁他人。後來，他沉冤昭雪，拖著一條瘸腿再次登上講臺，往後也沒有再娶妻，將餘生全都獻給了教育事業。

而當年那些學生也一個個地出社會工作、結婚生子。他原諒了所有人，除了當年誣告他的那個學生。某次，當那個學生找上門來尋求他的原諒時，老教授對他說：「我們以後最好還是不要再見面了，我不恨你，但也做不到原諒你。」

在生活中，很多事情好似冰山一角，你只是看到了水面上的八分之一，卻忽略了水底下的八分之七。

針沒扎在你身上，所以你感覺不到疼痛；腳沒踩在你肩上，所以你感受不到屈辱。所以，永遠不要隨意去判斷一個人，因為，你並沒有經歷他的人生。

04

曾看過一部電視劇，其中的一段劇情令我印象十分深刻。

有一個中年男人失業了，他不敢讓老婆、孩子知道，怕他們擔心，所以每天仍舊早出晚歸，偽裝成出門上班一樣。實際上，他每天都是出門去找工作、投履歷、面試，但找了一段時間後，仍然沒有一家公司願意錄取他。

頗感沮喪的他，為了調節一下心情，也為了打發面試結束後所剩下的時間，他便去了附近的市場逛兩圈。

有一次，他在市場裡碰到了一位原本就認識的大姐，這位大姐看到他之後，像把機關槍一樣說個不停，說他不能瞞著老婆玩物喪志，要好好上班、做個好男人。中年男子本來就因為找不到工作，心理壓力很大，接著又被這個好管閒事的大姐數落一番，他更覺得有苦難言，苦上加苦。於是，他決定之後如果又碰到她，就要繞道走，假裝不認識她。

在生活中，很多人可能也像這位大姐一樣，習慣以自己的思維方式去判斷別人，透過一兩個生活細節，就替別人貼上負面標籤，甚至發揮自己的想像力，片面地推斷別人的人生。

所以，很多人只看得到別人身上的毛病，卻看不到別人身上的優點。這樣的想法和做法，其實是一種自以為是的表現，也是對別人的不尊重。

大多數的人，心裡都藏著或深或淺的傷、無法對人言說的痛以及想說卻沒有勇氣說出來的事實與真相。

不隨意評價或指責別人是一種慈悲和教養，願你我都能具備，而不理會別人的評價或指責則是一種修行，願你我都能慢慢練就。如此一來，崎嶇人生路，方能從容前行。

我的口是心非，只是情非得已

01

時光總是會讓淡的越來越淡，讓深的越來越深。很多時候，看似平靜如水，其實，只要風輕輕一吹，心裡的某個地方便會疼痛不已。

「李先生，餘生請多關照！」

晚上睡覺前，陳潔滑到朋友妮妮發的這則貼文，上面配著一張結婚證書的照片，照片裡的兩個人，女的笑靨如花，男的只是淺淺地上揚著嘴角。

記憶的洪水再次向她洶湧而來。

三年前，剛大學畢業的她，去了一家公司面試，坐在會客室裡緊張得手心冒汗，因為一個女孩的幾句玩笑話才放鬆許多。這個女孩，便是妮妮。

妮妮和陳潔一樣，也是來面試的。不過，她性格大咧咧的，再加上已有一年多的工作經驗，所以非但不緊張，還能把緊張的陳潔逗笑。這天，她們兩個人都順利應徵上了這家公司。雖然不在同一個部門，但因為同一天面試的緣分，兩人很快地便成了好朋友。

工作一段時間後，同部門的一個男同事李棠喜歡上文靜的陳潔。有次，陳潔工作出現一點失誤，連累幾個同事得和她一起加班，大家都對她很不滿，最後是李棠出來幫她解圍。那晚李棠做東，請大家吃了一頓豐盛的宵夜，才幫陳潔化解了這場職場關係危機。也就是在這晚，陳潔對李棠動了心。

為了答謝李棠對自己工作上的照顧，陳潔主動邀約他，想請他吃一頓飯。不過，為了避免和他獨處的尷尬，她也請好友妮妮一起去這場飯局。

妮妮聽說陳潔竟然要請一個男同事吃飯，八卦的本性一下子就被勾了起來。她笑著拷問陳潔，是不是因為對那個男同事有意思，所以才請他吃飯。陳潔聽到妮妮的話，臉一下子就紅了，不過她也立即否認，說只是把他當工作上的一個前輩，想多謝他的幫助而已。

02

那次的飯局，妮妮對頗有紳士風度的李棠很有好感。整頓飯吃下來，她就像個開心果一樣，話沒斷過，笑聲也沒斷過，後來他們便經常聚在一起。

他們三人之間的關係在外人看來就像是在霧裡看花，但是，三個當事人對自己的心思卻很清楚，就只差沒把話說開而已。

正當李棠想找個合適的機會跟陳潔正式表白，不想再讓妮妮誤會時，妮妮的父親因為突發性腦出血過世了。

父親的離開，帶給妮妮相當大的打擊。處理完喪事從家裡回來上班之後，她就一直處在萎靡不振的狀態裡，情緒很低落。為了幫她盡快走出失去親人的悲痛裡，陳潔和李棠經常一起請她吃飯、散步、看電影。

有次，他們一起看完一部結局比較傷感的電影，走出影廳後，妮妮突然抱著李棠，說她一直都很喜歡他，希望他不要像爸爸一樣突然離開，不然她真的會受不了。說完之後，妮妮趴在李棠肩膀上低聲啜泣了起來。

面對妮妮突如其來的擁抱和表白，李棠深深地看了一眼站在旁邊的陳潔。沉默了一會兒後，輕拍著妮妮的後背說：「放心，別難過，我不會離開你，我們都不會離開你。」聽到李棠的話，妮妮終於破泣而笑。回去的路上，她一手挽著陳潔，一手挽著李棠，三個人成了那晚街頭上，最獨特的一個風景。

妮妮不知道的是，當晚只有她一個人是感到幸福的。另外兩個人，一個心裡裝的是無奈與憂愁，一個心裡裝的則是失落與傷感。

03

整夜輾轉難眠後，第二天清晨，李棠便迫不及待地打電話給陳潔。

他告訴陳潔，他喜歡的是她，昨晚對妮妮說的話只是為了安慰她，並不是要當他的男朋友，希望她不要誤會，給他點時間，讓他處理好和妮妮之間的關係。

同樣失眠一整晚的陳潔，一大早接到李棠的電話，聽到他終於向自己表白，淚水頓時模糊了雙眼，她不知道自己是該高興還是該難過。但是，有一點她是知道的：她不能在這個時候和李棠談戀愛，這樣只會刺激到妮妮，她也會失去和妮妮的這份友情。

「謝謝你，李棠。但是，對不起，我從來沒有喜歡過你。」

為了不讓李棠察覺到自己難過的情緒，也為了不讓自己的心動搖，陳潔說完這幾句話之後，就立即掛斷電話，並把手機設定成飛航模式。

在這之後，她一直故意躲李棠，除非工作需要，她從不主動跟他多說一句話，李棠打電話或傳訊息給她，她也都不理會。

明明也愛著對方，卻不得不把他當成路人。這種日子對陳潔來說，每天都是一種煎熬。而且，更加難熬的是，她還得面對妮妮，聽她說自己有多麼喜歡李棠，但李棠對她好像變得比以前冷淡了一些。

她只能任憑自己的心在撕裂，卻還要裝出平靜的樣子去安慰妮妮，說李棠可能是工作壓力大，叫他們兩人多互相體諒對方。這種讓自己的心備受折磨的日子終究還是到了她所能承受的極限。

幾個月後，陳潔辭職了，離開這個讓她傷感的城市。

她還把李棠加入了黑名單，可是李棠曾經傳給她的訊息，卻一直捨不得刪除。

而今晚，看著那張刺眼的合照，儘管合照裡的那個男人笑得很內斂。但是，她知道，這些訊息她該徹底刪掉了，這個男人，她也該慢慢放下了。

04

世界上，有一種謊言叫口是心非，它讓人帶著善意刺傷愛情；有一種愛情叫情非得已，它讓人捧著真心澆灌欺騙。

許多人一生中都難免會有那麼一個愛而不得，讓自己刻骨銘心的人，即使那個人後來躺在你的黑名單裡，再也沒有任何往來，但在你心裡，他卻一直都在。每次只要聽說或是看到關於他的任何消息，你都會覺得是一種折磨，提醒著你們的過往。

然而，這種折磨卻也會帶給你一絲喜悅和快感，你不敢對任何人說，只敢讓它在心裡獨自發酵、獨自潰爛，直到把你的心變成一個深不見底的洞為止。

其實，當初在你跟他說那些口是心非的話之後，你多麼希望當下他能察覺到你真正的想法，知道你這樣說只是因為情非得已。你也曾多麼希望他能再多堅持一下，直到你有勇氣坦露真心的那天。

然而，他終究還是沒有給你足夠的力量，讓你在他面前做個真實的自己。你只能一直像隻鴕鳥，把自己的感情都隱藏起來。這樣的他，說到底不過是對你愛得不夠深罷了；這樣的感情，不過是脆弱得經不起一點現實的考驗罷了。這些就如曇花一般，只在深夜一現。但終究，花開過，他來過，如此而已。

你可以難過，可以悲傷，卻不必遺憾，**因為最合適的人、最醇厚的感情，一定不會只是曇花一現。他會陪你閱覽人間繁華，和你笑看細長水流，讓你可以毫無顧忌地在他面前，盡情地哭，盡情地笑，盡情地做最真實的自己。**

願你痛過之後，不再歷經滄桑，早日遇到真正屬於你的他。

你所謂的不真實，恰恰是我的堅持

01

晚上十點多，整個社區相當安靜。這是楊柳每天最享受的時刻。忙完了一整天的工作，她現在終於可以躺在床上好好看書了。不過才看了兩頁，放在床頭櫃上的手機突然響了。

這個時候還會打電話給她的人，楊柳實在想不到會是誰。她隨即放下書，拿起手機一看，竟是經常在社群網站上按她發的貼文讚，但彼此之間並不常聯繫的朋友蘭蘭打過來的。

「不好意思，楊柳，這麼晚打擾你。我最近實在是過得太頹喪了，簡直覺得生無可戀，很想找人傾訴，卻不知道這個時候還能打給誰。翻翻通訊錄，發現竟然最想打給你，所以不好意思，打擾了。」

「哦，沒事，不打擾。怎麼了？」楊柳關切地問道。

聽到楊柳末尾的那句「怎麼了」，電話那頭頓時響起了顫抖的哭聲。蘭蘭的情緒似乎很不穩定，楊柳只好先安撫她，告訴她別難過，有什麼事儘管說，如果幫得上忙的，一定會盡力幫她。

「楊柳，我沒有什麼需要幫忙的，就只是想跟你聊聊。」

從接下來的敍述中，楊柳才知道，原來蘭蘭剛離婚兩個多月，但離婚後沒一個月，她就後悔了。

曾經兩個人的生活突然變成一個人，她很不習慣，感到生活有很多讓她崩潰無助的時候：煮飯時，發現水龍頭壞了，怎麼轉都轉不緊，一直不停地流水；晚上上廁所時，發現馬桶堵住了，弄半天都弄不好，只能對著噁心的馬桶乾著急。

前天，她把公司的資料帶回家做，結果做到一半，電腦突然當機，重新開機了好幾次都無法正常開啟程式，她急得想哭。

蘭蘭和前夫還沒離婚的時候，家裡無論什麼東西壞了，她前夫都能搞定，不會讓她多操心，更不會讓她覺得崩潰無助。

但是如今，她才深深體會到，一個人獨自在異鄉打拚原來這麼難，這麼苦。

02

「你想和你前夫再婚嗎？」聽完蘭蘭的敍述，楊柳小心翼翼地問道。

「想過，我甚至希望時間倒流，但是，他已經有女朋友了。很快是吧？我也覺得很快，快得讓我懷疑人生。想當初我們愛得轟轟烈烈，離婚時，他也答應地不甘不脆的。可是直到真的離婚了，他卻馬上有了新歡。」聽到蘭蘭對前夫的抱怨，楊柳一時真不知道該怎麼安慰她。她一向不喜歡評價別人，而且，她也覺得蘭蘭的一些觀念和自己的三觀不太合。在她看來，只要兩人離婚了，男人怎麼過都是他的自由，做為前妻，真的沒必要再去説這些毫無意義的抱怨。

還沒等楊柳想好要怎麼安慰和開導蘭蘭時，蘭蘭忽然話鋒一轉，把話題一下扯到了楊柳身上。「楊柳，你和我一樣，也是個離過婚的單身女人，也一個人在外地，為什麼你的生活可以過得這麼『歲月靜好』？每天下班不是學插花就是學畫畫，要不就是看書，寫寫部落格。我每次看你在社群網站上發的貼文，都很羨慕你，但又覺得你活得很不真實，就像理想世界中的人一樣，好像生活永遠只有美好，沒有任何一點陰暗、醜陋的東西。」聽了蘭蘭對自己的評價，楊柳輕輕地笑了一下。看來，她確實和自己的三觀不合。

不過，畢竟朋友一場，蘭蘭又正處於人生低潮期，楊柳還是安慰她一番，建議她少想過去的事，學著往前看，以後生活上無論遇到什麼困難，不要不好意思，可以打電話向朋友求助或找隔壁鄰居串門子，千萬不要一個人硬撐著。

03

安慰完蘭蘭，掛掉電話後，已經是晚上十一點半了，但楊柳的心情卻無法平靜下來。兩年前，她和結婚八年的前夫離婚，他們的兒子現在在她老家的學校讀書，由她父母幫忙照看。

她也是離婚後才兩三個月，前夫就有了女朋友，還把社交軟體上的大頭照換成和現任女友旅行時拍的牽手照。要說當時楊柳的心裡沒受到打擊，真的是自欺欺人。剛離婚的那段時間，她也曾在深夜裡，躲在被子裡痛哭過好多次。不是因為失去前夫、失去婚姻，而是一想到自己的人生如此失敗，把八年寶貴的青春浪費在一個錯誤的人身上，她就痛恨自己，覺得自己又蠢又可憐。

這種頹敗的心情讓她放不下自尊去跟任何一個人傾訴，哪怕是交情匪淺的閨密，她也始終守口如瓶，塵封著自己的內心。

沒有人知道那段時期的她是怎樣熬過來的。

到處都是染著五顏六色頭髮的年輕人群聚的小酒吧，她一個長相清秀的中年婦女，也曾在那裡獨自買醉過；寒風凜冽的深夜裡，也曾像個遊魂一樣，獨自飄蕩在街頭。

到了週末，她一個人待在狹小又空蕩的租屋處裡，不吃不喝，睡到天昏地暗，恨不得「睡死」算了。

放任自己頹廢了一段時間後，她知道，除了自己，沒有人可以拯救她，也沒有人可以幫助她走出這段灰暗的歲月。

因為她內心的傷痕和脆弱沒有人看得到，所以她必須堅強給自己看。

04

積極的念頭慢慢占據上風後，楊柳開始不再那麼自怨自艾了。

哪怕她剛剛還為一些瑣事焦躁，她也會發一則貼文，向朋友們宣告：此刻的我，過得淡泊靜謐；哪怕她上一秒還沉浸在不堪的往事中，她也會發一則貼文，告訴大家：未來很美好，我也正在為美好的未來努力。

楊柳知道，或許這樣做是一種自欺欺人，因為她真實的狀態很多時候並非如此。但是，她也慢慢體會到，在低潮的時候，讓自己活得不那麼真實，其實是一種安慰，更可以為自己帶來一股無形的力量，而這股力量能讓她在不知不覺當中，真的朝那模糊的方向努力。後來，她發現一個人的生活確實很難、很苦，但再難、再苦，只要持續堅持努力，總會慢慢度過的。

當她學習插花、畫畫還有讀書時，她遇到很多跟她一樣，曾經過得不開心的人。漸漸地，這些美好的事情和這些有共鳴的同伴，讓她的心靈平靜許多。所以，蘭蘭眼中所謂的不真實，恰恰是楊柳的堅持。

人生在世，有情皆苦。只不過有的人能讓苦轉化為創造快樂的動力，而有的人只會沉溺在痛苦中無法自拔。

不要一直站在原地等待命運來垂憐你，也不要等待它把你從苦的泥淖裡拉出來，因為命運只願意善待積極努力、心向光明的人。

當你不再期待時光倒流，能對過去一笑置之，也能給自己力量時，才有可能歲月靜好。

不管是身在高處，還是身陷低谷，只要你是向陽而生，就不必活在他人的期待裡，因爲任何時候，能支撐你的一直都是自己。不管平凡還是不平凡，只要心中有堅定的信念，不將就生活也不辜負自我，你就是自己的英雄。

——《你值得被理解》

國家圖書館出版品預行編目資料

你值得被理解/ 小姿著. -- 初版. -- 臺北市 : 圓神, 2020.11
288 面；14.8×20.8公分 --（圓神文叢；282）

ISBN 978-986-133-730-2（平裝）
1. 自我肯定 2. 自我實現
177.2　　109013710